머리말

바둑의 묘미는 뭐니뭐니 해도 역시 맞수와의 대결에 있다고 할 것이다. 흔히 처음 바둑을 배우는 사람이나 아직 상급자의 길에 들어서지 못한 사람들은 접바둑부터 시작하는 경우가 대부분이다.

접바둑이란, 수가 낮은 사람이 기본적으로 몇 점을 미리 놓고 시작하는 것을 말한다. 만약 하수(下手)가 아홉 점을 미리 놓고 상수(上手)와 겨룬다면 이는 '아홉 점 접바둑'이라 한다. 만약 하수가 두 점을 미리 놓고 상수와 대국을 하면, 이는 '두 점 접바둑'이 된다.

이에 비하여 서로 실력이 대등할 경우에는 미리 놓고 두는 돌이 없이 서로가 선·후수(先·後手) 만을 정하여 맞두게 된다. 이를 바둑 용어로 '맞바둑' 또는 '호선(互先)'이라고 한다.

초보자로서는 대부분 상수와 접바둑을 두는 경우가 많다. 그러나 실력이 차츰 향상되어 맞바둑을 둘 수 있게 되면, 이는 접바둑에서 느낄 수 없는 새로운 묘미를 만끽할 수 있게 된다.

이 책에서는 맞바둑에 대한 올바른 정의와 맞바둑에 있어서의 포석과 정석의 이해와 응용에 관한 문제를 중점적으로 다루었다. 특히 초보의 단계에 있는 독자 여러분의 필독서로서 이 책을 권하고 싶다.

1986년 겨울

저 자 씀.

차 례*

*차 례

제1장

포석의 기본(基本)

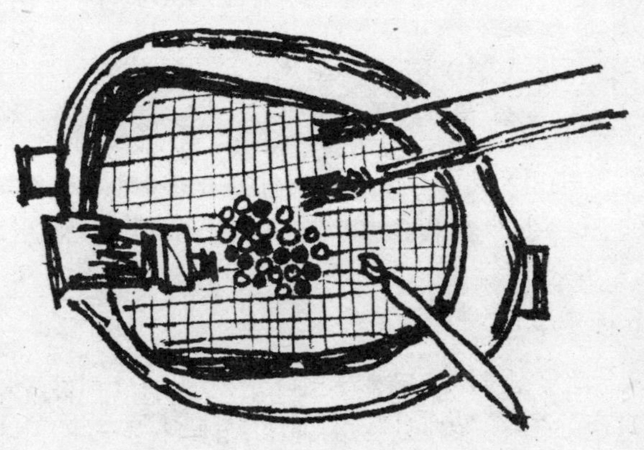

호선(互先 : 맞바둑)에 대하여

접바둑과는 다르다

바둑에는 대국자 간의 실력이 다를 경우에 2점에서부터 9점까지 하수가 바둑돌을 미리 놓고 두게 되는 접바둑 제도가 있다. 그러나 하수자(下手者)의 실력이 점차로 향상되어 대국자 간의 실력이 서로 대등하게 되면 서로가 맞두게 된다.

이것을 바둑에서는 호선(互先), 또는 맞바둑이라고 한다.

접바둑의 경우, 하수가 미리 돌을 놓고 두게 되므로 상수는 항상 열세의 국면에서 변화있는 묘수를 발휘하지 않으면 안된다. 그러나 맞바둑의 경우에는 서로가 대등한 위치에서 한 판 승부를 겨루게 되므로, 접바둑과는 그 분위기가 다를 수 밖에 없다.

3단계

한 판의 바둑을 진행함에 있어서는 3단계의 과정을 거친다. 즉, 초반과 중반과 종반이 그것이다. 접바둑에 비하여 맞바둑에서는 이 3단계의 전략이 매우 중요하다.

포석의 구성

포석의 구성에는 3단계가 있다. 이것이 원칙이다.

(1)귀에 둔다. 귀에서 굳힘, 걸침, 협공의 응수가 있다.

(2) 다음에 변에 전개한다. 가치가 높은 순서로 둔다.

(3)변에서 중앙으로 발전한다. 평면적 구도에서 입체적으로 둔다.

이것이 포석의 원칙이다.

포석은 어떻게 하는가

1도 한판의 바둑이다. 흑은 1, 백은 2로 호각의 둠이다. 포석의 원칙적인 진행이다.

이 바둑이 경과가 된다. 흑은 우상의 귀에 흑 1, 백은 좌상귀에 2, 다음에 흑은 3의 곳, 이하 4까지 귀를 점거한다. 흑 5의 굳힘까지이다.

이하 흑11까지 전개가 되면 포석의 골조가 모두 이루어진다. 이것이 맞바둑 포석이다.

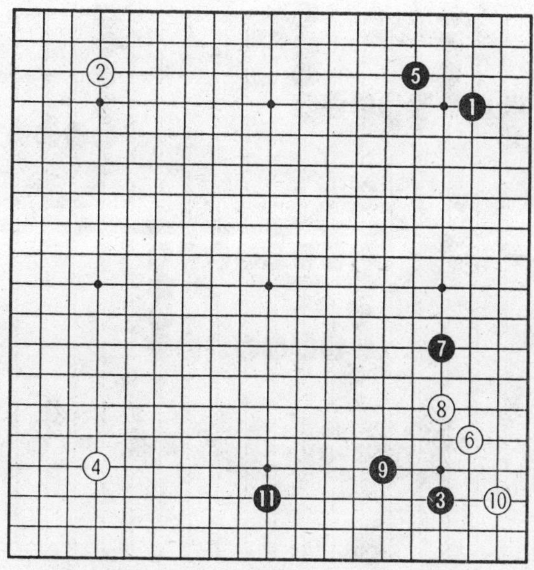

1도

귀의 우위성(優位性)

2도 우상귀는 12집이다. 변에서는 12개의 돌이 필요하다. 중앙이라면 20개의 돌이 필요하게 된다. 귀에서 변, 그리고 중앙은 귀에 사용하는 돌의 배 이상의 돌이 필요하게 된다. 종합하여 보면, 중앙에서의 집을 만드는 것은 귀의 곳 보다는 2배의 돌이 사용된다는 점이다.

바둑은 서로간에 한수 한수의 착점이다. 그렇기에 자연 큰곳부터 착수하기가 마련이다. 집에서는 귀가 유리함을 알 수 있다.

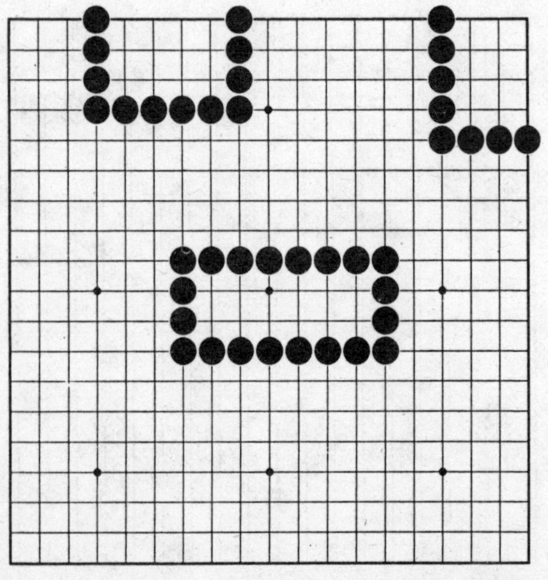

2도

지역선과 세력선

집을 짓는 것은 귀쪽이 유리함을 앞에서 설명을 하였다. 그렇기는 하나 귀라고 하여도 어느 선이 귀에서 집짓기에 유리한가는 생각해 보지 않았다.

3도 제 3선의 흑돌은 지역선이다. 제 2선이라면 당연히 불만이다.

이 지역선과 반대쪽이 세력선이 되는 곳이다. 장래의 세력을 이용하여 집을 짓게 된다.

제 4선의 백 돌은 세력선이고 제 3선의 흑돌은 지역선이다. 즉, 균형을 흑백간에 이루고 있음을 본다.

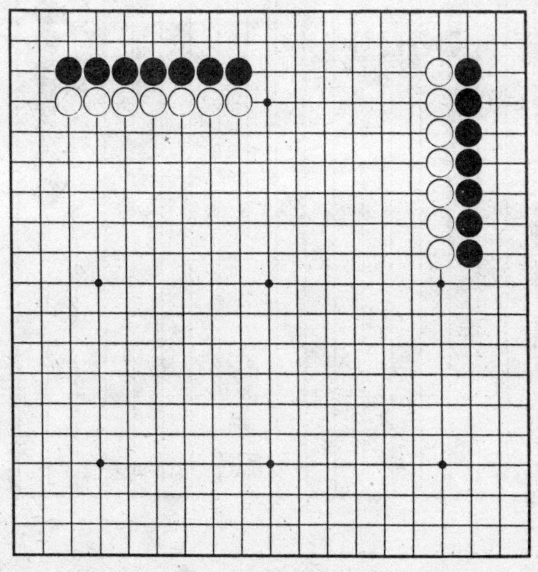

3도

4도 우변의 흑은 1, 3으로 나가고 있다. 이것은 지역선을 무시하고 두는 방법이다. 세력을 백 2, 4로 구축한다. 흑의 손해가 크다. 제 2선은 패선이라고 한다.

좌상의 백은 1, 3으로 세력을 구축하고 있다. 이것도 세력선이다. 흑이 2, 4, 6으로 둔 것은 당연히 지역선이 된다. 그러나 원칙적으로 독자들은 알아두어야 한다. 지역선은 제 3선이고 세력선은 제 4선이라는 것을——

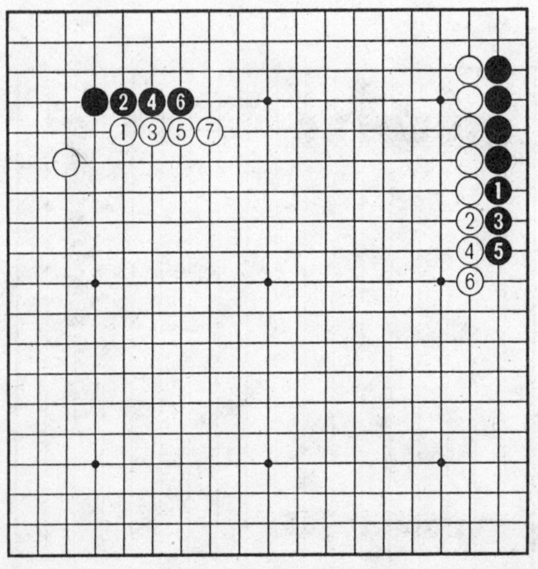

4도

돌의 생략(省略)

돌을 효율적으로 놓이기 위해서는 돌의 움직임에 신경을 쓸 필요가 있다. 서로가 2수로 두어서 10의 효과를 얻는 것과 하나를 두어 효과가 단 하나인 것과는 당연히 10의 효과를 얻는 것이 우위이다. 구체적인 예를 들어보자.

5도 우상은 8수로 12집이다. 3수를 생략하면 좌상귀이다. 여기에서 우하와 좌하는 돌의 수효를 더욱더 생략하고 있다. 이것이 돌의 생략의 중요성이다.

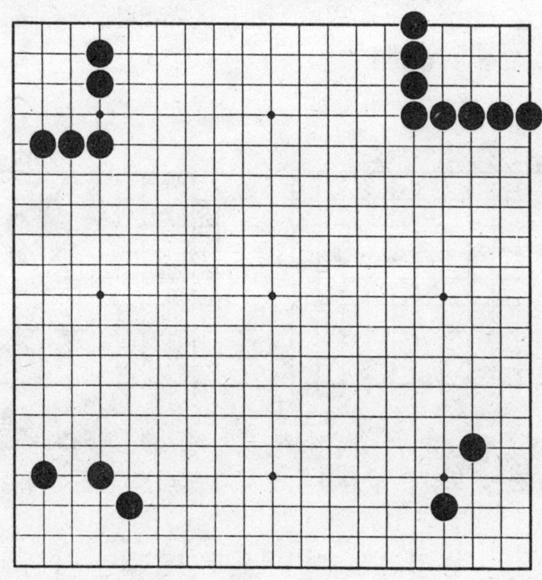

5도

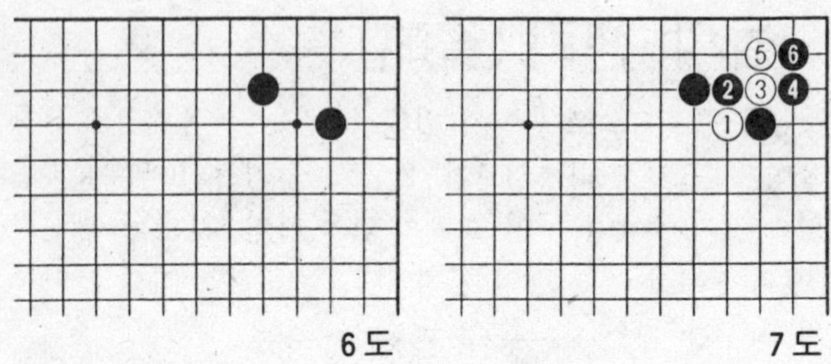

6도　　7도

돌을 움직이지 않으면 상대의 침입을 허락하게 된다.

6도 전도의 날일자 굳힘이다. 이 모양에서 귀는 2수로 확보가 된다. 절단은 허락할 수 없다.

7도 백1, 3으로 절단을 시도하고 있다. 흑은 4, 6으로 2점을 잡는다.

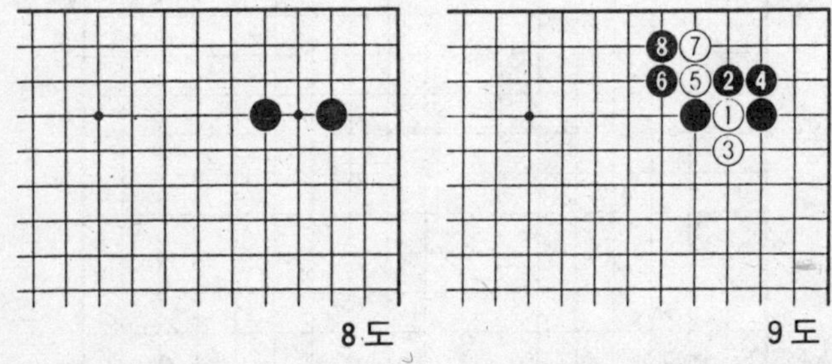

8도　　9도

8도 이 모양은 날일자의 굳힘과는 다르다. 기본적인 모양이다. 이것도 견고한 모양이다.

9도 시험하여 보자. 백1에서 5까지 끊어 보아도, 흑6, 8로 조이면 5, 7의 2점은 움직일 수 없다.

10도 우변은 12집이다. 돌의 수효는 12개이다. 물론 바둑은 마지막에 가서 연락을 한다. 이것이 집의 계산이다. 포석 단계에서 돌의 생략은 귀에서 뿐만아니라 변에서도 가능하다. 상변은 6개의 모양이다. 좌변에서는 제 2선의 돌을 제외하였다. 제 3선상의 돌과 제 4선상의 돌을 보자. 원형은 12개인데 9개를 생략하고 단 3수이다. 이것은 각자가 잘 검토하여 보자.

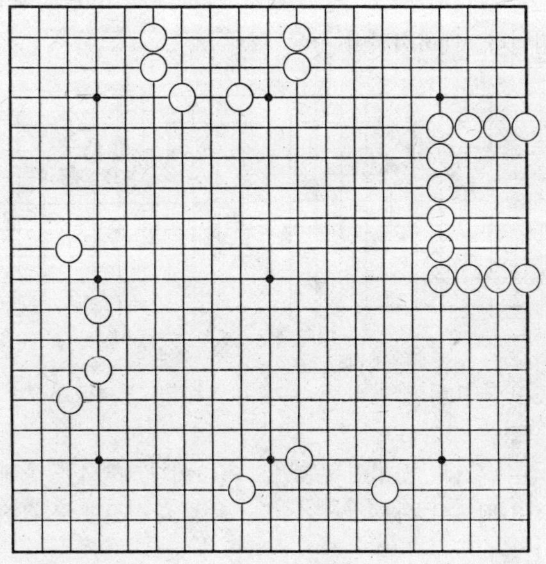

10도

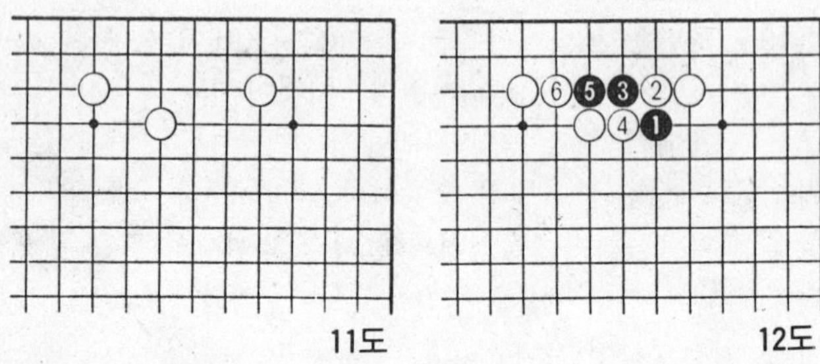

11도　　12도

변에서 12집을 3수로 지킨 모양이다. 이곳을 흑이 공격한다면 어떨까?

11도 원형이다.

12도 흑 1에서 3, 5의 젖혀 뻗음이다. 이것은 백 4의 젖힘이다. 백 6까지이다.

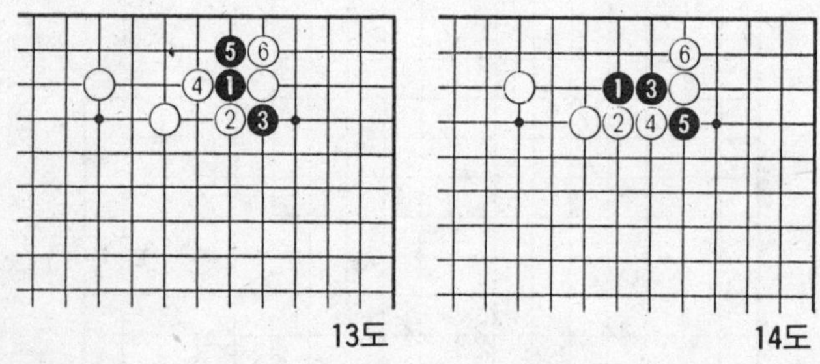

13도　　14도

13도 흑 1의 붙임에서 3까지이다. 백은 4, 6으로 눌러 2점을 잡는다.

14도 흑 1의 침입에는 백 2, 흑 3이다. 백 4 다음에 흑 5이면 백 6이다.

여기에는 흑이 살 수 있는 여유가 없다.

제 2선의 세력에 대한 댓가라고 할 수가 있다.

제2장

포석의 이론(理論)

귀를 두는 방법

포석의 원칙은 귀를 점거하는 것이 유리하다. 물론 귀를 점거하여야 한다. 집을 얻음이 실리의 주체이다. 상대적으로 세력을 주로 할 수가 있다. 물론 이것의 결점은 두는 사람의 기호에 따라 다르다.

귀를 두는 방법을, 현대에서 많이 두는 방법을 생각하여 보자.

(1) 소목

(2) 외목

(3) 고목

(4) 화점

(5) 3·3이다.

소목

다음 페이지의 1도 우상귀의 흑 1이 소목이다. 통계적으로 제일 많이 두는 수이다. 제 3 선상이나 제 4 선상에 둔다. 대칭적인 a 도 소목이다.

귀를 완전하게 확보하는 것이 목적이다.

외목

1도 좌하귀 흑1이 외목이다. 귀를 방치하고 변에 둔다. 발전 방향은 좌변이다. 대칭점은 a의 곳이다. 제3선상의 좌변, 제5선을 점거하여 하변에 세력을 나타낸다. 실리보다도 세력에 주안을 한다.

고목

우하귀 흑1이 고목이다. 외목과 비슷한 모양이다. 중앙에 세력을 사용한다. 하변에는 제4선, 우변에는 제5선이다. 발전 방향은 하변에서 상변, 그리고 중앙이다.

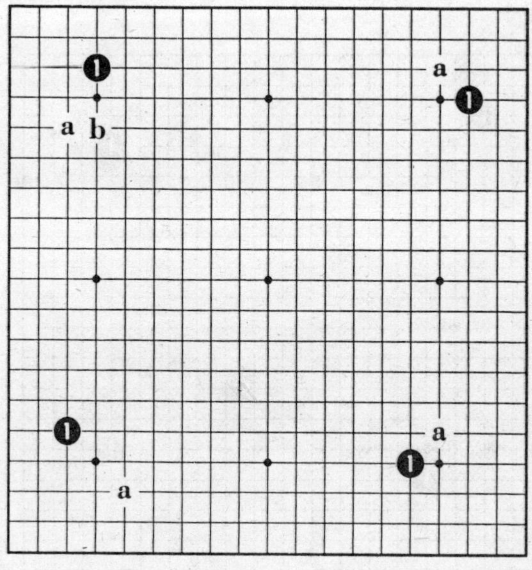

1도

화점

2도 우상귀의 흑 1이 화점이다. 소목, 외목, 고목 굳힘을 목적으로 한다. 한 수로 귀의 주도권을 잡는 특성이 있다. 발전 방향은 풍부하다. a 의 곳에 침입을 당하는 약점이 있다.

3·3

좌상귀 흑 1이 3·3이다. 한 수로 귀를 점거하는 것으로 근거를 만들고 있다. 성질은 화점과 반대이다. 확실하게 집을 얻을 수 있으나 중앙으로의 발전성이 약하다.

5·5 좌하귀의 흑 1이다.

대고목 우하귀의 흑 1이다. 중앙을 중시한 수이다.

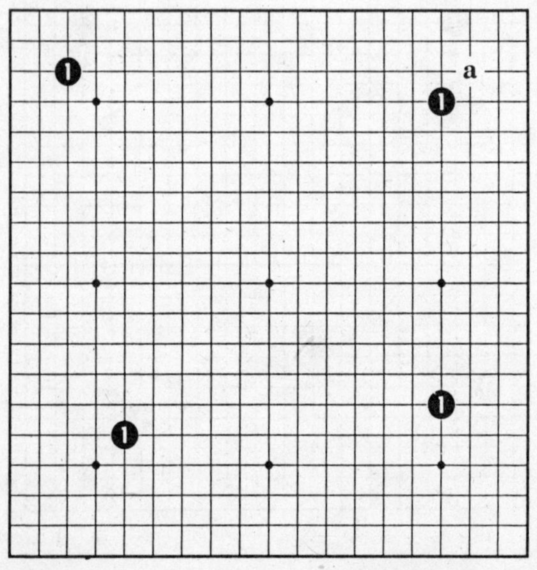

2도

굳힘

굳힘의 시기

3도 흑 1에서 4까지 된 다음 귀에 선점을 하면, 다음 단계는 흑 5의 굳힘과 백 6의 걸침의 이동으로 포석의 기본이다.

포석의 원칙으로 귀를 두는 것이 마무리 되면 다음에 변에 전개한다.

3, 5의 굳힘은 될수록 빠른 시기에 두는 것이 좋다. 이것도 한 판의 바둑이다.

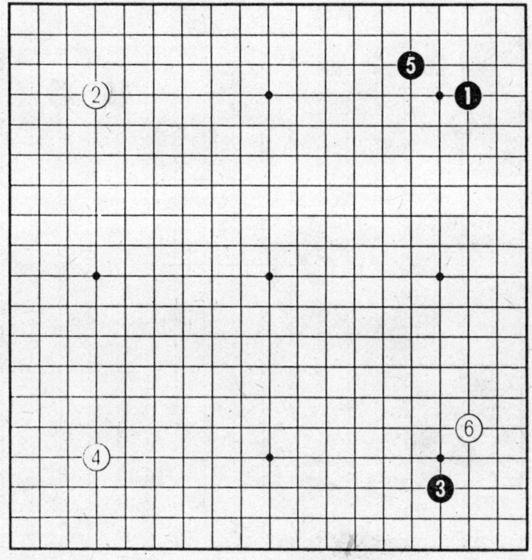

3도

소목에서의 굳힘

소목은 굳힘을 목적으로 착수한다. 한 수로 귀를 확보한다. 이에 대한 굳힘 방법의 성질에 대하여 설명한다.

4도 우상귀 흑 **1**이 한칸 굳힘이다.

좌하귀의 흑 **1**은 눈목자 굳힘이다. 좌상귀는 날일자 굳힘이다. 이 3곳이 대표적인 굳힘으로 눈목자 굳힘은 귀의 수비가 엷다. 그러나 유연성이 풍부하여 취향의 운용으로 많이 둔다.

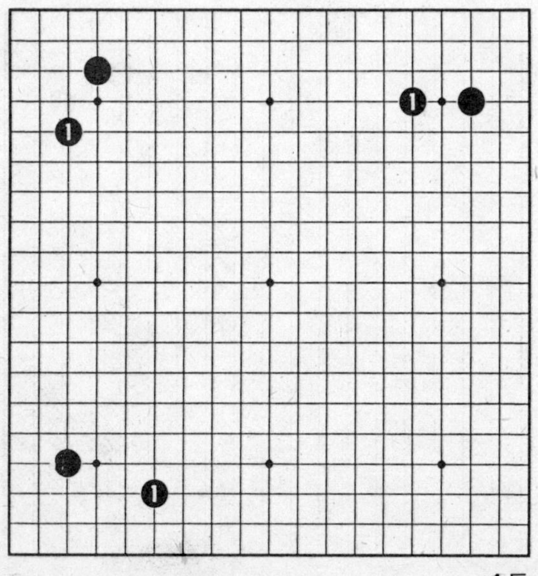

4도

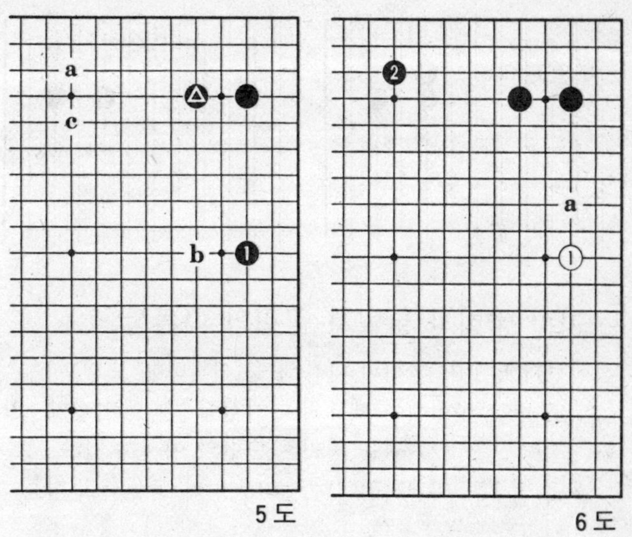

5 도

6 도

굳힘에서의 발전

굳힘은 귀를 얻는 실리의 수법이다. 이 다음에 변이나 중앙으로 발전을 한다.

5 도 한칸 굳힘이라면 1로 우변을 벌리는 것이 큰 곳이다. 상변을 a 의 곳에 전개함도 있다. 이것은 흑 △의 위치가 제 5 선이고, 상변의 제 4 선상의 위치가 높다는 점이다.

여기에서의 흑 1은 a 의 곳을 벌리게 되면 양날개를 펴는 아주 이상적인 모양이 된다.

이 다음 a 의 벌림과 b , c 의 한칸 뜀을 노린다.

6 도 굳힘의 발전 방향을 백 1로 방해하면 흑 2로 한쪽을 점거한다. 이 다음에 a 의 곳에 두는 수가 있다.

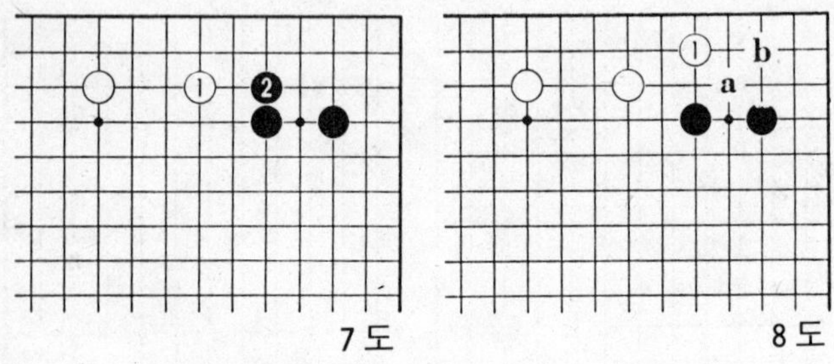

7도　　　　8도

한칸 굳힘과 날일자 굳힘의 다른점

한칸과 날일자 굳힘의 다른 점을 생각하여 보자.

7도 한칸 굳힘에는 백 **1**의 다가섬이 있다. 약점이 있는 곳이다. 흑 **2**로 귀를 지키는 수단의 여지가 있다.

8도 백 **1**의 미끄러짐이다. a 나 b 의 곳을 노린다.

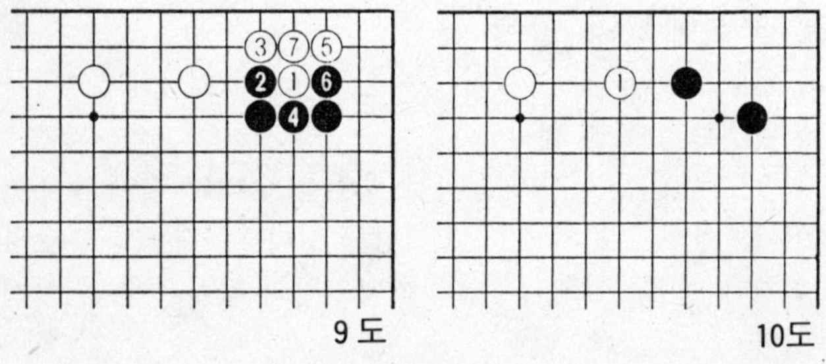

9도　　　　10도

9도 백 **1**로 귀를 노리는 수단이 있다. 흑 **2**의 누름에는 이하 **7**까지이다.

10도 날일자 굳힘에는 백 **1**로 다가섬이다. 이런 모양에서는 귀의 침입을 막음에 날일자의 굳힘이 유리하다.

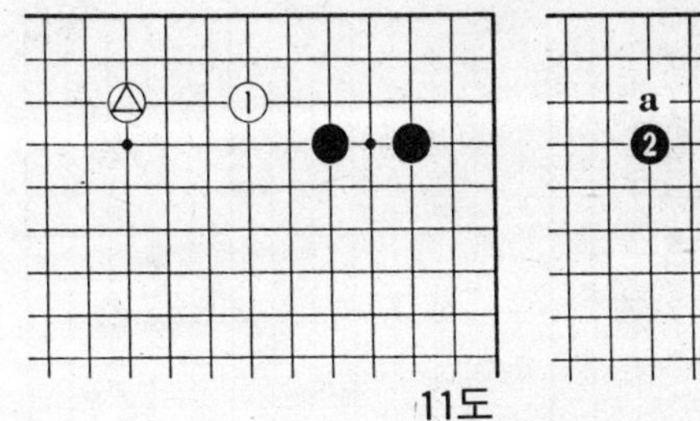

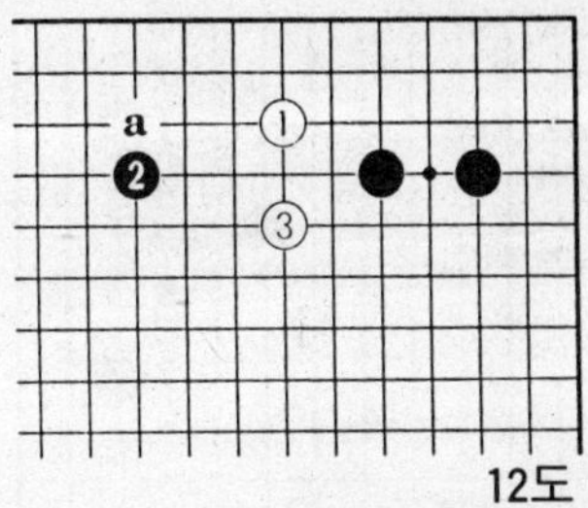

11도 · 12도

11도 한칸 굳힘의 약점은 백 1이다. 좋은 착점이 아닐 수 없다. 그러나 이점을 백 1로 단독으로 침입하는 것은 위험하다. 백 1은 상변에 백 △가 있기 때문에 강렬한 두터움이 있다.

12도 단독 백 1은 흑 2나 a 의 곳의 협공이 있다.

백 3으로 한 칸 뛴다.

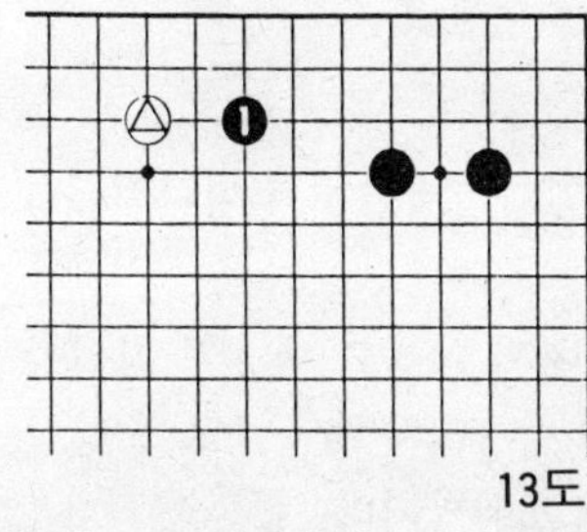

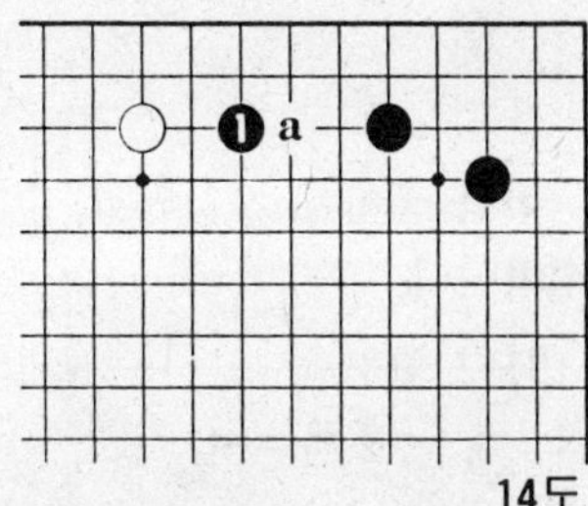

13도 · 14도

13도 한칸 굳힘의 약점을 나타내고 있다. 백 △에는 흑 1이 좋은 점이다. 이상적인 세력을 얻는다.

14도 날일자 굳힘의 시기에서 흑 1은 급하지 않은 곳이다. 백이 a 의 곳을 두어도 겁나지 않다.

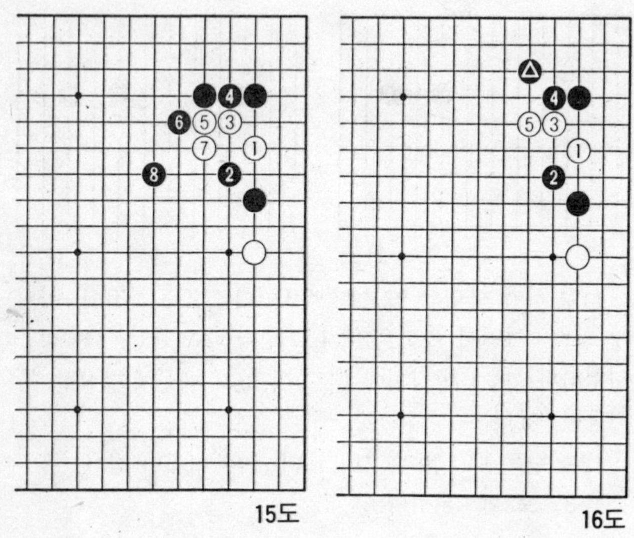

한칸 굳힘은 침입의 약점이 있다. 세력을 점한다면 날일자이다.

15도 한칸 굳힘 다음의 벌림에서 흑진에 백 1의 침입이다. 흑은 2의 곳을 공격한다. 백 3에서 5, 7로 중앙쪽으로 탈출이다. 흑 8이 용이한 포위망이다.

16도 날일자 굳힘에서의 백 1의 침입이다. 흑 2에는 3, 5의 머리 누름이 있다.

여기에서의 한칸 굳힘은 우변에 관하여 위력을 발휘하지 못한다.

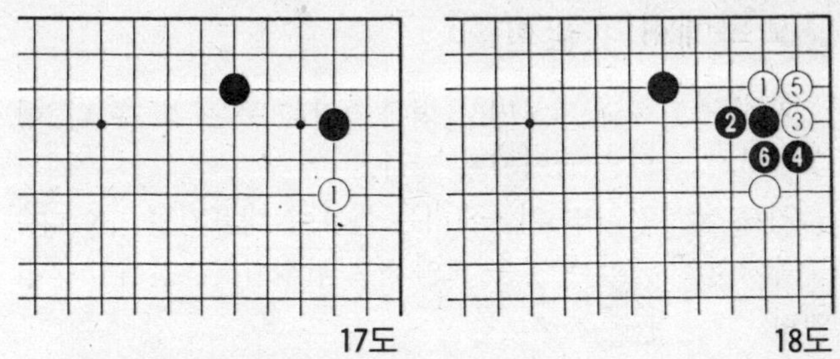
17도 18도

눈목자 굳힘

눈목자 굳힘은 날일자 굳힘보다는 한칸 더 윗길이다. 실리를 크게 키우려는 의도이지만 귀의 견실함은 떨어진다.

17도 이 모양은 백 1의 곳에 귀의 보강이 필요한 곳이다.

18도 이것을 태만히 하면 백 1의 붙임이 좋은 수이다.

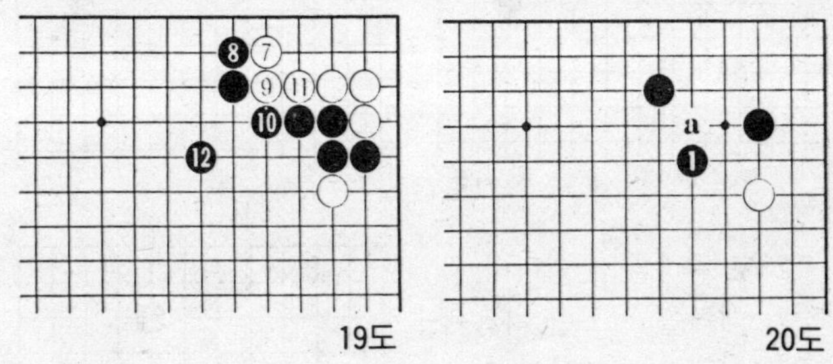

19도 20도

19도 백 7에서 11까지이다. 흑은 12까지 두터움을 이용하여 지킨다.

20도 백의 다가섬에 흑 1은 a 의 곳을 지키는 수도 있다. 자기진의 안정을 구하면서 공격하는 수법이다.

외목에서의 굳힘

외목은 귀를 방치하면서 변에 중점을 두는 착수이다. 이 의미에서 굳힘은 급하지가 않다.

21도 굳힘이라면 외목에서는 흑 1이 대표적인 수이다. 소목에서의 굳힘과 같은 모양으로 환원이다. 견실한 굳힘이다.

22도 흑 1은 변칙적인 수법이다. 전도보다는 상변이나 우변에 한 길 더 높은 위치이다. 약점은 a의 3·3에 침입을 하는 점이다. 이 다음에 b의 곳에 한 수를 더 소비함이 있다.

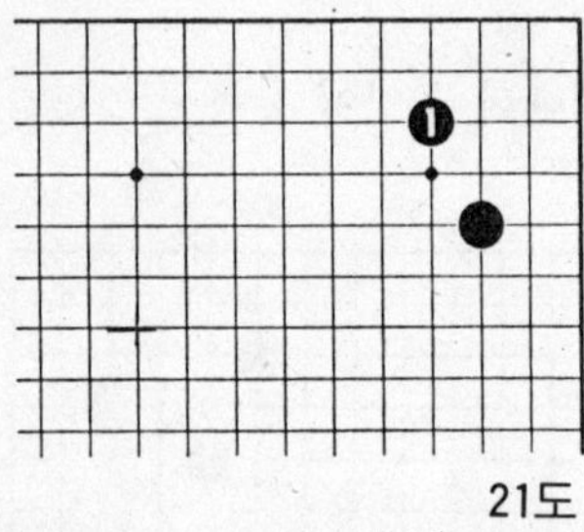

21도

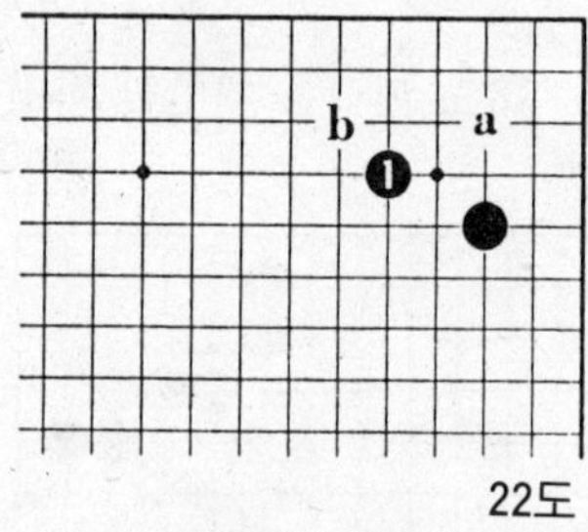

22도

23도 흑 1의 굳힘이다. 우변의 세력을 키우면 다음에 흑 3의 귀를 확보하는 수가 있다.

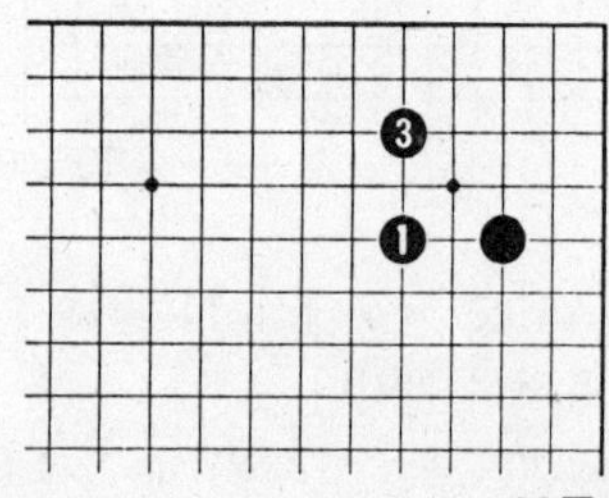

23도

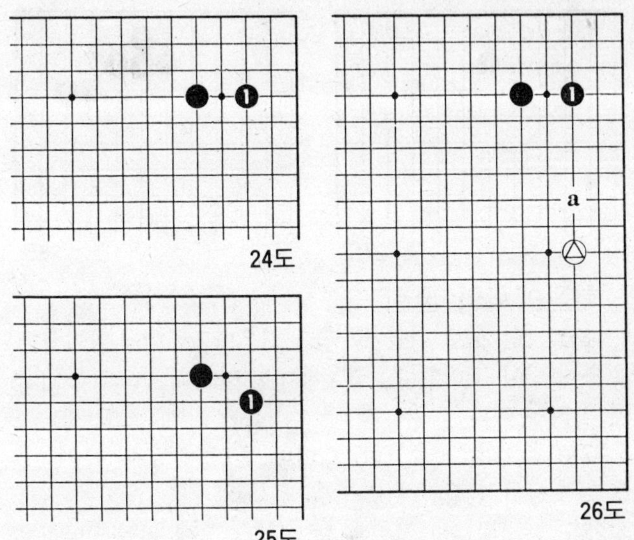

24도

25도

26도

고목에서의 굳힘

고목도 중앙에 중점을 둔 수이다. 굳힘은 급하지 않다.

24도 소목에서의 한칸 굳힘과 같다. 1의 수를 기억해 두기 바란다.

25도 변칙적으로는 흑 1이다.

26도 우변에 백 ◬가 있는 모양이다. 굳힘은 크다.

흑 1은 다음에 a의 곳에 두는 수가 달콤하다. 그 수로 귀를 점거하면 완료가 된 위치이다.

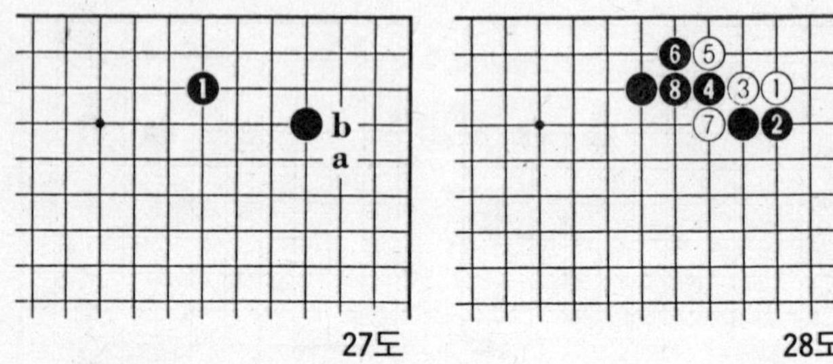

27도 28도

화점에서의 굳힘

화점은 한 수로 귀를 둘 수가 있으나, 굳힘에 있어서는 2수 이상이 소비된다. 중앙에 대한 작전의 주도권을 잡음에 의의가 있다.

27도 흑 1의 눈목자 굳힘이다. 다음에 a 나 b 의 곳으로 모양이 완성된다.

28도 화점에서의 굳힘은 백 1의 3·3에 귀를 침입하는 수이다. 8까지 된 다음에――

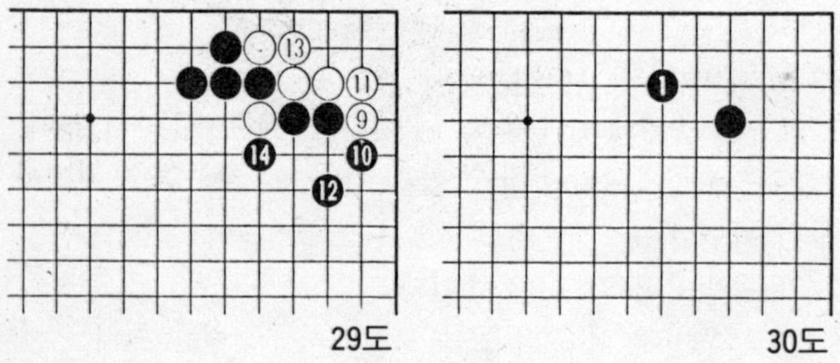
29도 30도

29도 흑14까지 귀의 모양이 완성된다. 흑은 두터움으로 대항을 한다.

30도 흑 1은 날일자 굳힘이다. 완성까지는 한 수가 필요하다.

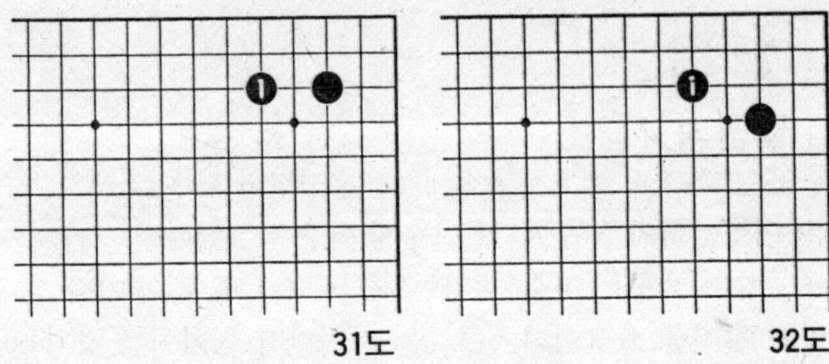
31도 32도

3・3 에서의 굳힘

한 수로 귀를 둔다면 3・3이다. 굳힘은 급하지가 않다.

31도 3・3에서의 한칸 굳힘이다.

32도 다음은 소목에서의 날일자 굳힘이다. 비교하여 보면 3・3은 안쪽인데 세력에 반하여 열세이다.

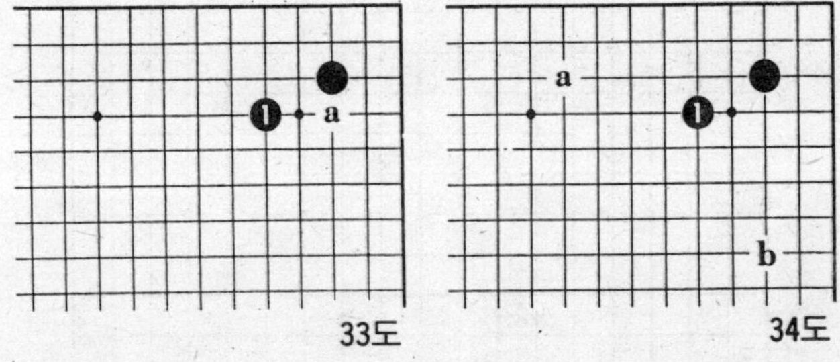

33도 34도

33도 흑 1은 31도와 비교하여 볼 수가 있다.

이것도 a 에서의 1이면 소목 한칸 굳힘이다. 3・3에서의 소목보다는 더욱 적절하다.

34도 상변에 a 나 우변의 b 의 곳에 자기의 돌이 포진되어 있다면 안성맞춤이다. 모양의 완성이다.

걸침

걸침의 시기

35도 흑 1에 백 2, 흑 3에 귀를 선점한다. 여기에서 백은 귀, 좌하귀를 두지 않고 우상귀를 걸쳐왔다.

굳힘은 2수로 귀를 독점한다. 세력에 있어 변이나 중앙에 발전을 도모한다. 이것을 저지하기 위하여 걸치는 수단이 있다. 어느 정도의 가치가 있다.

백 4의 걸침에 좌하귀를 5로 두는 것은 작전의 하나.

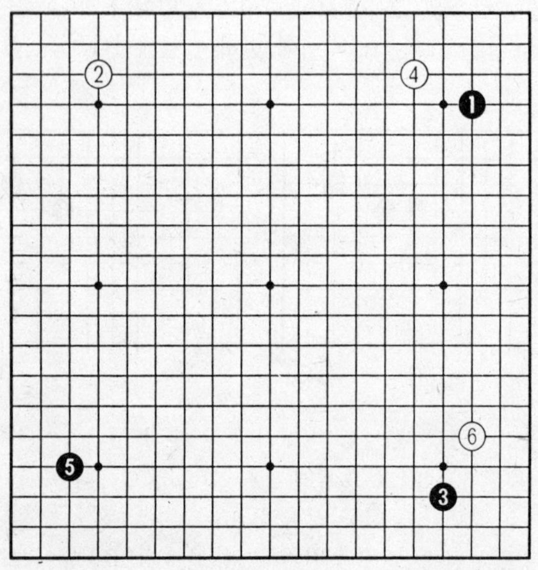

35도

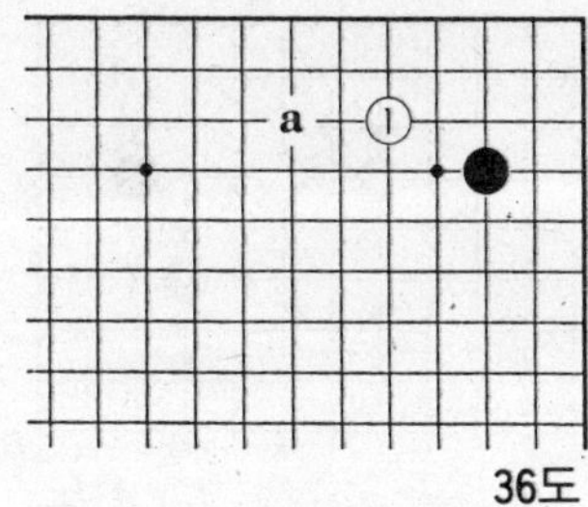

36도

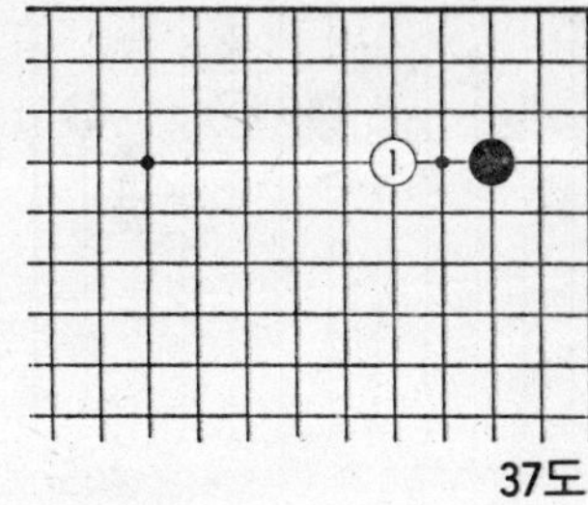

37도

소목에서의 걸침

소목에서의 걸침은 다음의 4곳이다.

36도 백 1은 날일자 걸침이다. 외목의 위치에서 본다면 집의 착수이다. a 의 공격을 각오하여야 한다.

37도 백 1은 한 칸 높은 걸침이다. 고목의 위치이다. 날일자와 같이 많이 두는 수법이다. 집보다는 세력을 중시한다.

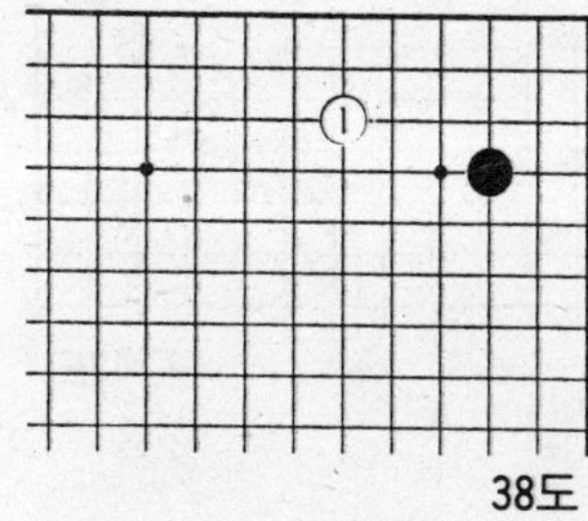

38도

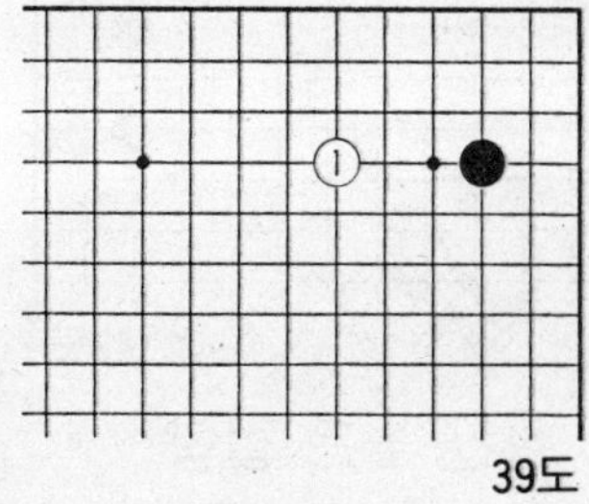

39도

38도 백 1은 눈목자 굳힘이다.

39도 백 1은 2칸 높은 걸침이다. 귀에의 간격이 조금 변칙적이다. 방해함에 있어서도 가벼운 의미가 있다.

이제부터 걸침의 성질에 대해서 나타내 보고자 한다.

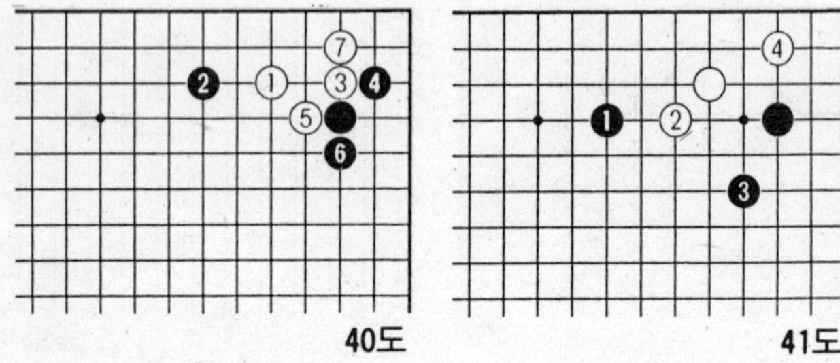

40도　　　　　　　　　　41도

날일자 걸침

40도 백 1의 날일자 걸침에는 흑 2의 공격이 있다. 귀에 근거를 얻는데 잇점이 있다. 백 3, 5에서 흑 6, 백 7까지 안정이다.

41도 흑 1의 협공에는 백 2의 머리 내밀기이다. 흑 3에는 백 4의 미끄러짐이다. 귀에 침입하여 근거를 얻는다.

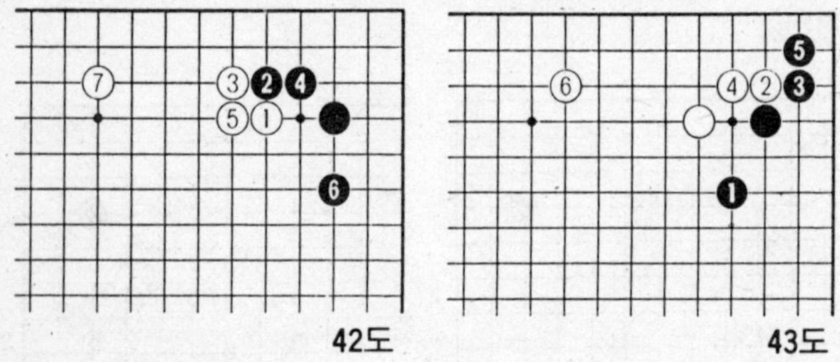

42도　　　　　　　　　　43도

한칸 높은 걸침

42도 백 1의 한칸 높은 걸침은 흑 2의 붙임에서 4의 뻗음까지이다. 이에 대한 댓가로 5, 7로 상변에 전개함이다. 귀의 실리에 필적하는 세력을 얻는다.

43도 흑 1의 받음에 백 2, 4다음 6의 곳에 점거하는 정석이다.

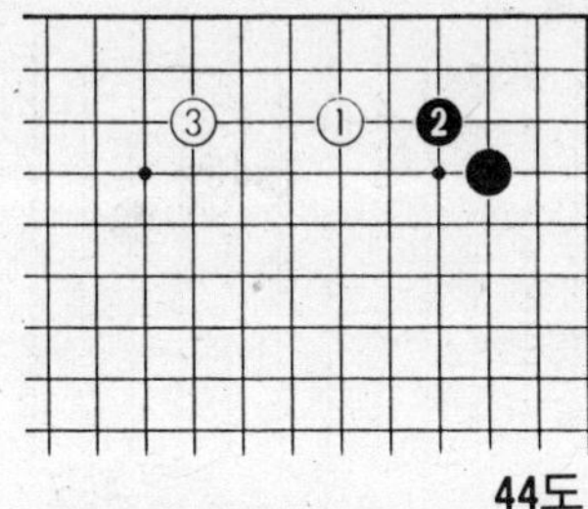

44도

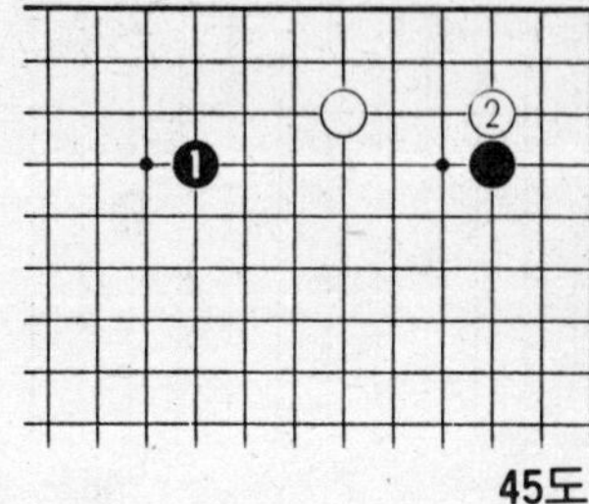

45도

눈목자 걸침

44도 백 1의 눈목자 걸침은 전기의 날일자 걸침과 다르다. 귀의 소목에서는 멀다.

흑 2의 마늘모에 백 3의 벌림까지이다.

45도 국세를 보면 흑 1의 공격이다. 이 모양에서는 백 2의 3·3에 귀를 붙이는 수단이 있다.

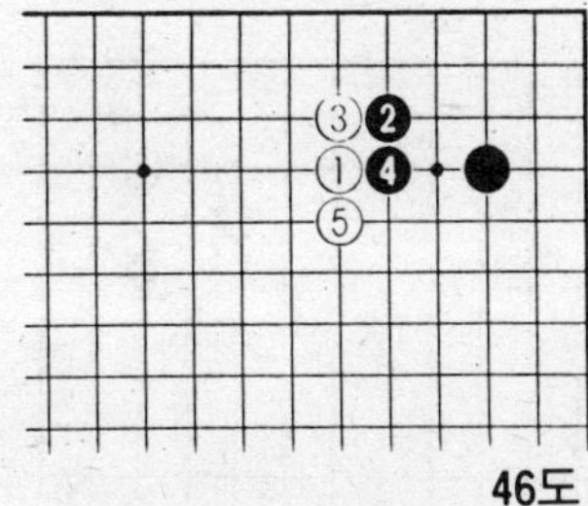

46도

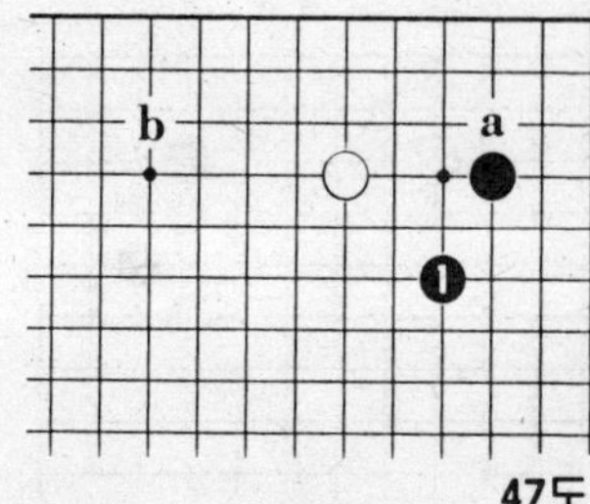

47도

2칸 높은 걸침

46도 백 1의 2칸 높은 걸침도 귀에 맛을 남기는 수법이다. 흑 2, 4로 실리를 취하면 상변에서 중앙까지 외세를 키운다.

47도 흑 1의 날일자 받음이다. 일응 굳힘을 방해하고 나설때, 손을 빼면 a 의 붙임에서 b 의 벌림까지가 있다.

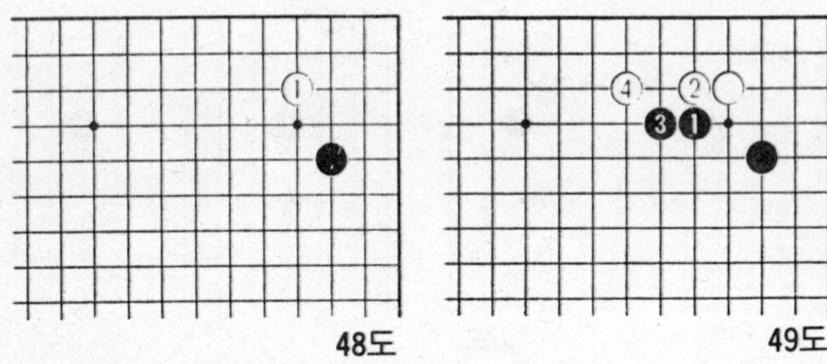

48도 49도

외목에서의 걸침

외목은 귀에 달콤한 맛을 남긴다.

48도 백 **1** 의 소목 굳힘이다. 세력의 외목과 실리의 소목이다.

49도 흑에서는 **1** 의 곳으로 백을 압박하는 수단이 있다. 백도 **2**, **4** 로 둔다.

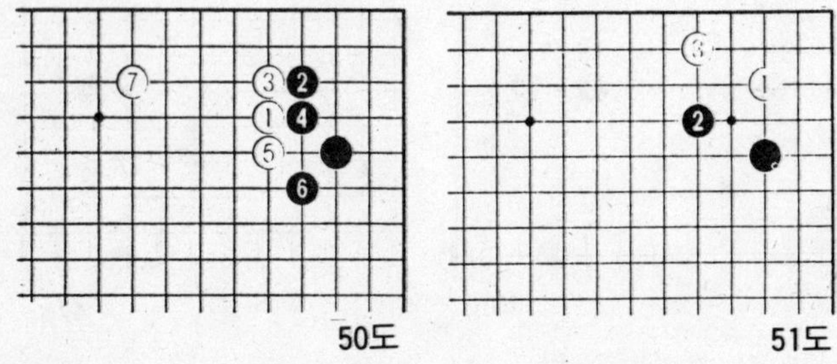

50도 51도

50도 전도의 흑 **1** 로 우변에 큰 모양을 키우면 상변이 저위(低位)가 되어 불만이다. 흑 **2**, **4** 에서 백 **7** 까지이다.

51도 단적으로 백 **1** 로 3·3의 침입 수단이 있다. 실리 일변도이다.

49도가 좋은 외세의 두터움인데 특수한 모양에서 둔다.

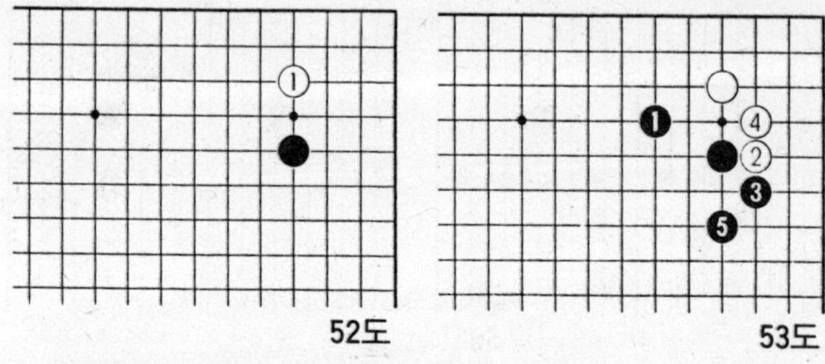

52도 53도

고목에서의 걸침

52도 백 **1** 의 소목에서 걸치는 수단이 압도적으로 많이 두는 수이다. 이외는 변칙적인 수단이다. 고목은 변에서 중앙을, 소목은 귀를 점거하는 대칭적인 위치이다.

53도 흑에서 날일자로 씌우면 백은 **2**, **4** 로 실리를 점거한다. 상호간의 목적달성이다. 실리는 10집이다. 서로 불만이 없다.

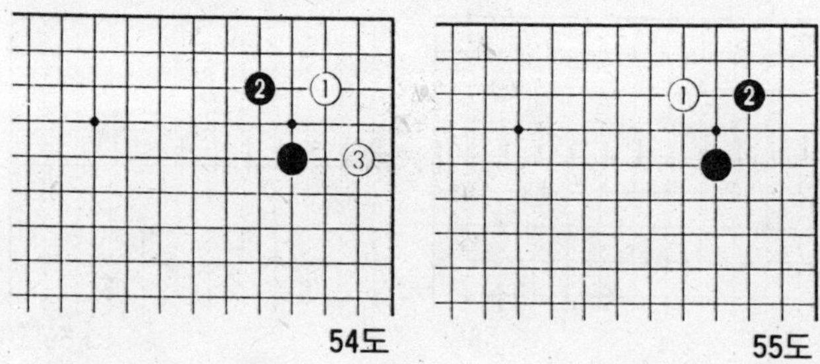

54도 55도

54도 백 **1** 에 흑 **2** 의 외목 공격도 유력한 수단이다. 3·3 침입도 수단의 하나인데 세력에 지장이 있는 모양이다.

55도 여기에는 백 **1** 의 곳도 있다. 흑 **2** 의 3·3이다. 악수일 공산이 크다.

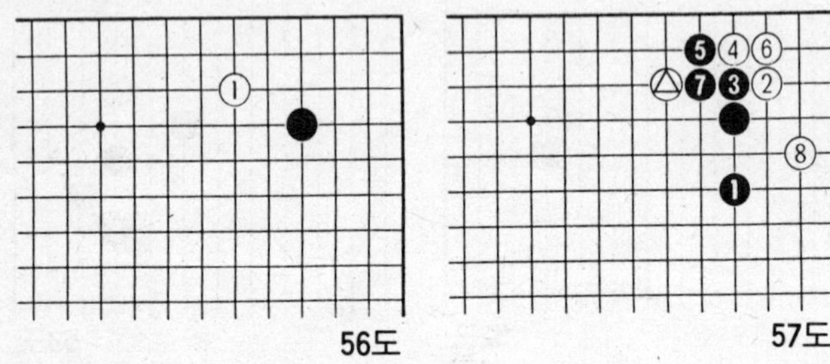

56도　　57도

화점에서의 걸침

화점에서의 적절한 위치는—

56도 백 **1**의 점이다. 화점의 날일자 걸침이다. 화점의 약점은 3·3의 침입에 있다. 백에서 근거를 얻는 잇점이 있다.

57도 흑 **1**의 받음에서 백 △를 공격하는 것이 상식적이다. 백에서 **2**로 3·3에 침입을 하면 이하 **8**까지이다.

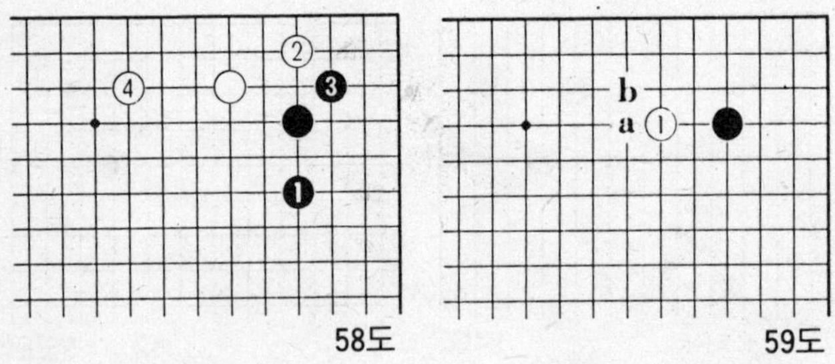

58도　　59도

58도 백 **2**의 날일자 달림이다. 백 **4**까지 모양의 정비이다.

59도 이외의 걸침에는 백 **1**의 곳 이외에 a나 b의 곳이 있다. 주위의 상황에 따라 위력을 발휘한다.

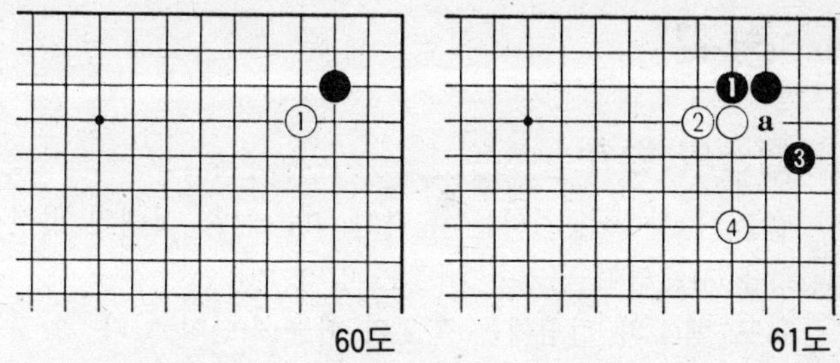

60도 61도

3 · 3 의 걸침

3·3은 굳힘이 급하지 않은 수이다. 필연적으로 급하지 않다. 이 시기에는 주위의 배치에 따라 복잡하다.

60도 백 1 의 누름이다. 중앙쪽에 걸치는 수단이 있다.

61도 흑 1 에 백 2 의 뻗음, 흑 3 에 백 4 까지 정석이다. 주의할 것은 흑 1 의 수이다. 우변에 백진이 있다면 a의 곳을 누름이 중요하다.

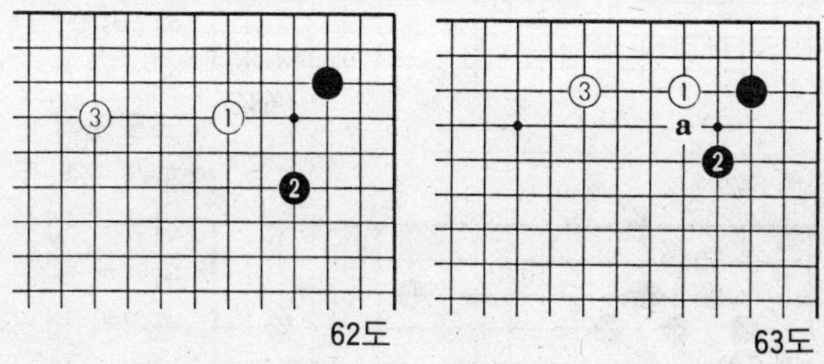

62도 63도

62도 백 1 의 걸침에는 좌변에 주안점을 모색하고 있다. 백 3 까지 벌림이다.

63도 백 1 에는 a의 압박도 있다. 백 3 의 벌림까지 정석이다.

협공

협공의 종류

협공은 돌을 공격하는 유력한 수단이다. 상대의 발전 방향을 저해하며 근거를 빼앗는 방법이다.

64도 백 1의 걸침에는 흑 2의 협공 수단이 있다. 이것이 한칸 협공으로 이외에도 협공에는 a의 3칸 협공, b의 2칸 협공, c의 2칸 높은 협공, d의 한칸 높은 협공 등이다. 주위의 배치 관계에 따라 둔다.

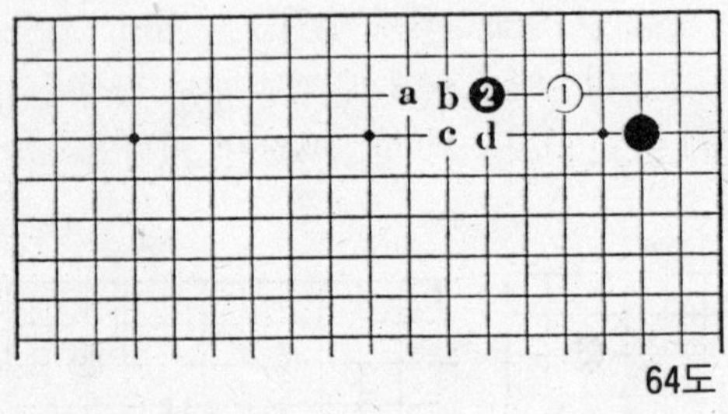

64도

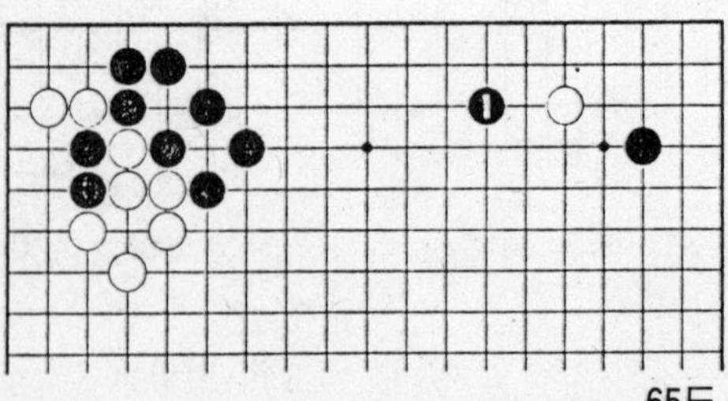

65도

한칸 협공

협공에서는 한 칸 협공이 가장 템포가 빠르다. 65도 1의 방향에 흑의 두터움이 있어 위력이 크다. 반격이 쉽지 않은 곳이다. 가장 유력한 수단이다.

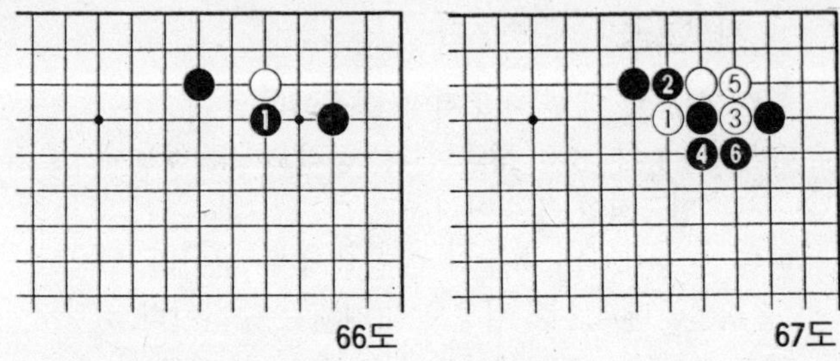
66도 67도

한칸 협공에서 백이 손을 빼면 완전한 봉쇄를 당한다.

66도 백의 머리에 붙여 중앙의 나감을 봉쇄한다.

67도 백 1 에는 흑 2 의 끊음이다. 3 의 단수에 4 , 6 의 바깥쪽 누름이다.

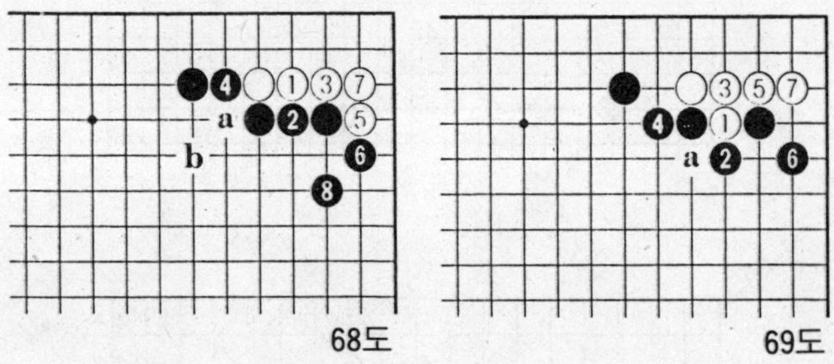

68도 69도

68도 백 1 , 7 은 귀에서 사는 수단이다. 하지만 흑 2 , 4 에서 8 까지이다. 백 a 의 끊음에는 흑 b 의 싸움이 있다.

69도 백 1 에 끼우는 수단이다. 흑 2 에는 백 3 의 수단이다. a의 끊음이 남아 있는 곳이다.

3칸 협공

한칸 협공에 대한 대조적인 협공이다.

70도 흑1의 3칸 협공이다. 공격보다는 상변에 중점을 두는 전국적인 벌림이다.

이런 모양에서는 흑1의 벌림이 좋은 점이다. 일석이조의 움직임이다. 3칸 협공도 고려되는 수단이다.

71도 협공은 3칸이 한도가 되어 있다. 흑1의 4칸도 있다. 그러면 백도 2의 곳에 벌리는 여유가 있다. a의 3칸도, b의 벌림도 있다. 능률적인 수로 불만이 없다.

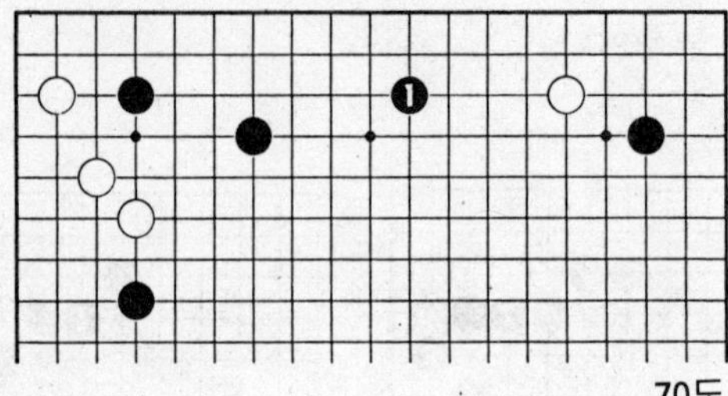

70도

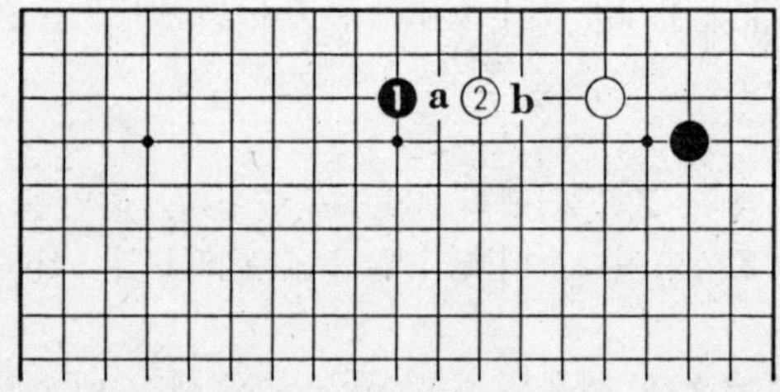

71도

2칸 협공

한칸 협공과 3칸 협공의 중간이다.

중간의 성질이 2칸 협공이다. **72도** 흑 **1**이다.

고래로부터 많이 애용되어온 수단의 하나이다. 다음에 설명하면 2칸 협공도 영향이 있다.

백이 손을 빼면 a의 붙임이 봉쇄이다. b의 마늘모가 후속수단이다.

2칸 높은 협공

현대에서 많이 애용되는 수이다.

73도 2칸 협공보다 한길 위이다. 전술한 협공이다. 세력에 특색이 있는 수이다. 난해한 정석으로 후술하기로 한다.

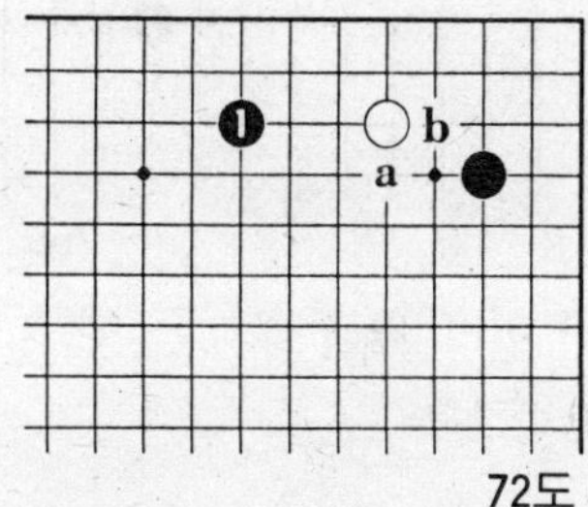

72도

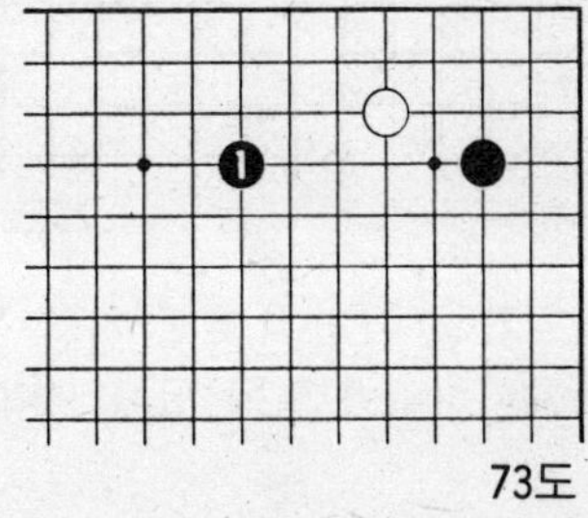

73도

한칸 높은 협공

74도 흑 **1**의 한칸 높은 협공도 자주 두는 수이다.

백이 손을 빼면 a의 붙임으로 봉쇄한다.

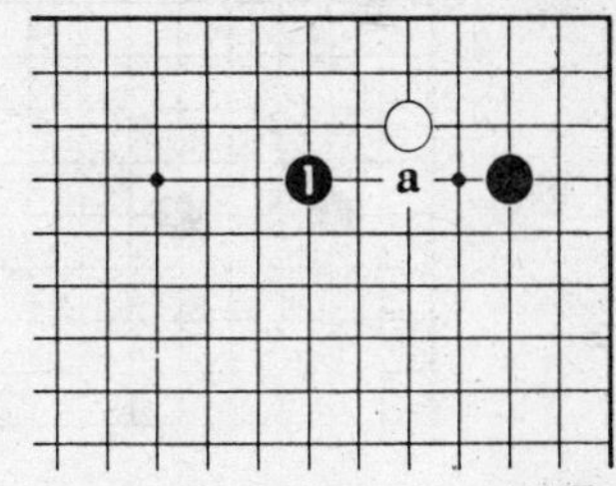

74도

씌움

씌움은 압박을 하는 세력상의 착수이다. 외세가 십분 채산(採算)이 되는 수이다.

75도 흑 1의 외목 씌움이다.

76도 이 씌움에는 백 1, 3으로 우변을 압박하면 흑 4이다. 준비공작이 필요하다. 유력한 수단이 아닐 수 없다. 수순중 백 3으로 a는 흑 b로 둔다.

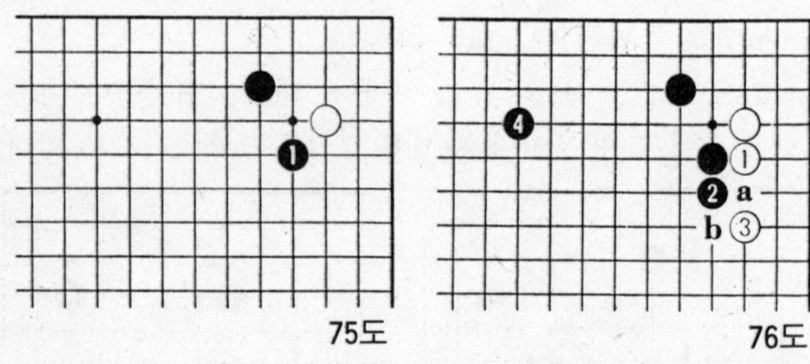

75도 76도

77도 좌변에 백 △의 늘음이 있다. 흑 1의 씌움으로 실패이다. 백 △가 있어 세력이 반감된다.

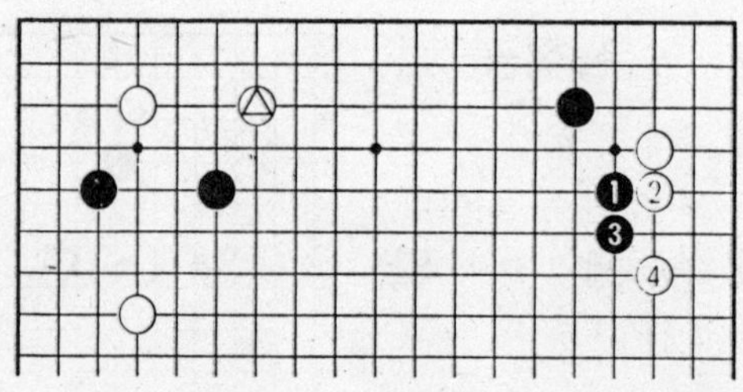

77도

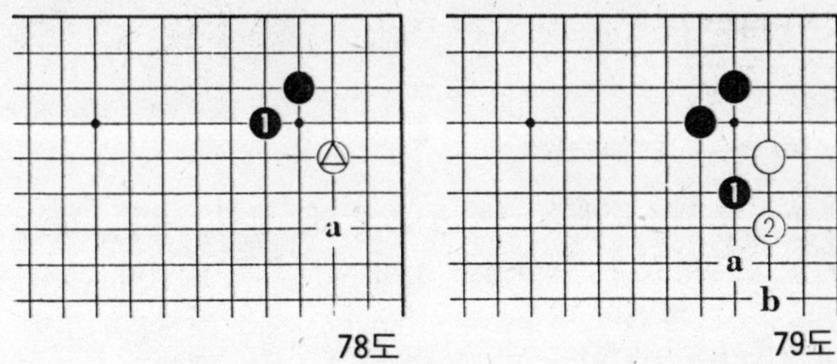

78도 79도

78도 백◬의 외목 씌움이 유력한 수단이다. 봉쇄하는 수단을 피하려면 흑 1의 마늘모이다. 다음에 a의 곳을 공격하면 급전(急戰)을 피할 수 없다.

79도 흑에서 씌우는 수단은 흑 1이다. 어깨짚기의 수단이다. 백 2에는 이 다음에 a의 압박하는 수와 b의 협공 수단이 남는다.

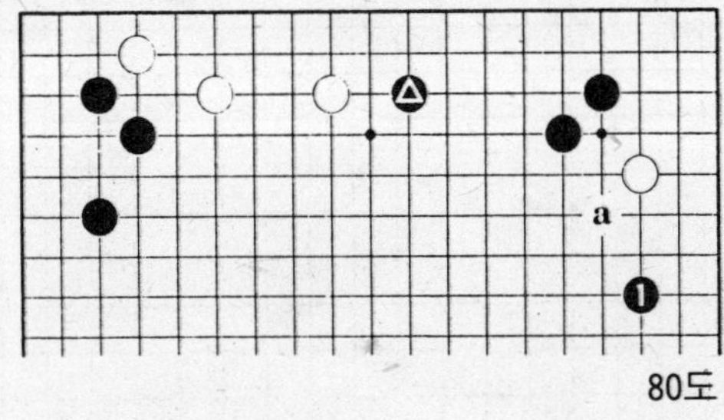

80도

80도 상변에 발전은 a의 씌움이 있다. 그러나 이것은 흑▲와 간격이 있어 실패이다. 본도의 흑 1로 우변에 두어 백의 발전을 저해한다.

벌림

벌림의 중요성

포석의 제 1 단계로 귀를 두는 방법, 굳힘, 걸침, 협공 등을 설명하였다. 다음에는 변의 설명으로 들어가 보자. 변을 치는 방법의 대부분을 점유하는 것은 벌림으로, 귀에서부터 시작하여 땅을 확보하거나, 또는 세력을 튼튼하게 확보하기 위한 목적으로 쓰인다.

81도 벌림의 시기를 나타내본다. 흑 5 의 굳힘에는 백 6 으로 양굳힘을 방해하였다. 백 8 까지 자신의 돌의 안정을 꾀한다.

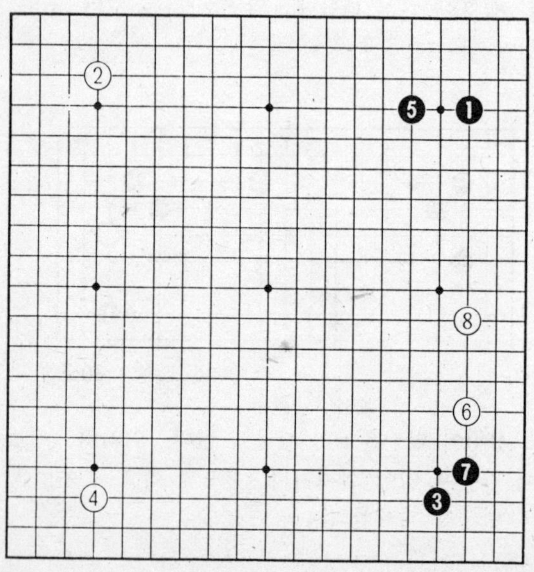

81도

82도 흑 7 의 우하귀 굳힘은 큰 수가 아니다. 백 6 다음에 8 의 곳이 좋은 점.

벌림은 주위의 상황을 기점으로 하여 강약을 변화시킨다.

전도에서 5칸 선택이 있다. 8 로는 a의 곳 2칸 벌림도 있는 곳이다. 한칸 보다는 효과적인 수이다. 사실 6칸 이상의 벌림은 없다. 이런 것은 관계에서 생긴다.

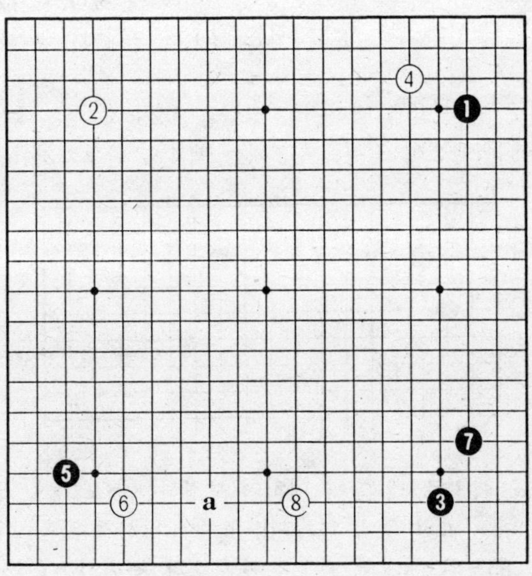

82도

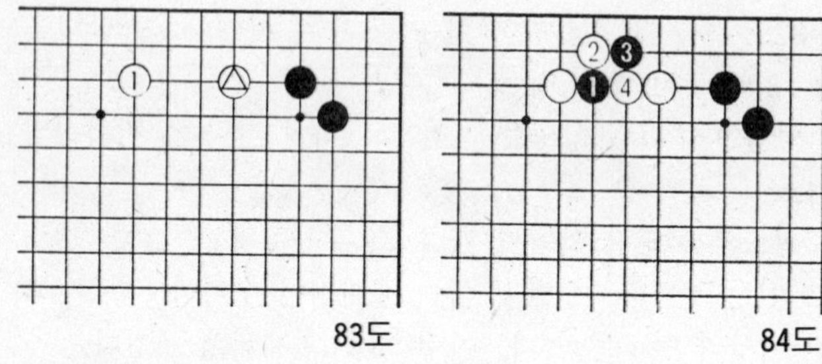

83도

84도

2칸 벌림

벌림에 있어서는 2칸 벌림이 견고하다.

83도 백 1의 수이다. 안정이 된 흑돌에 대하여 백 ◬는 떠있는 돌이다. 이 상태에서는 백 1의 보강이다. 지키지 않을 수 없는 곳이다.

84도 이 벌림에 대하여는 절단을 할 수 없다. 흑 1의 붙임에는 백 2의 젖힘, 흑 3에는 백 4의 단수까지이다.

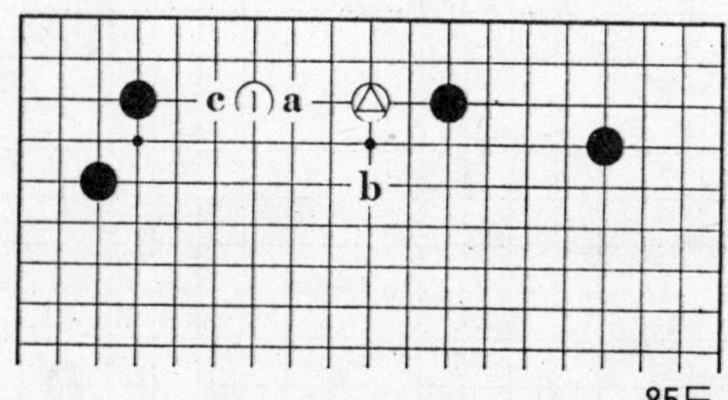

85도

85도 백 1로 백 ◬에 대하여 보강하는 것도 2칸 벌림이다. 흑이 a의 곳에 다가서면 b로 도망하지 않을 수가 없다. 85도의 예에서 백 1의 수로 c의 곳까지 다가서면 a의 곳 침입이 눈에 보인다

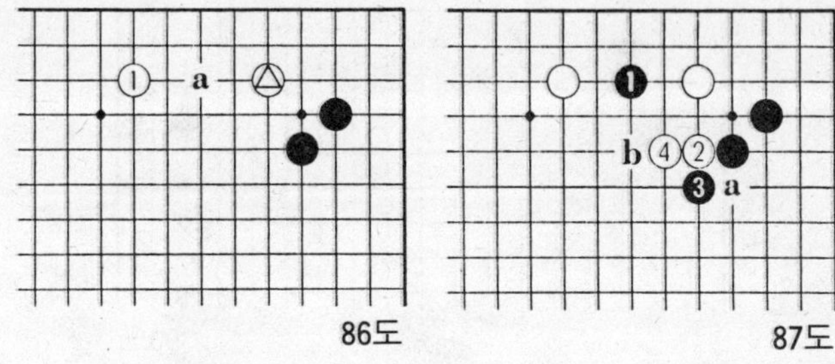

86도

87도

3칸 벌림

백 1로 벌리는 것은 86도이다. 백 Ⓐ에 대하여 a의 곳에 침입을 할 여유가 있다.

87도 흑 1에 백 2로 붙이는 전술이다. 흑 3에는 백 4로 뻗는다. 흑 1을 쉽게 움직일 수가 없다. 3의 수로 b의 곳에 두면 백은 3의 곳을 뻗는다. 우측이 아프다.

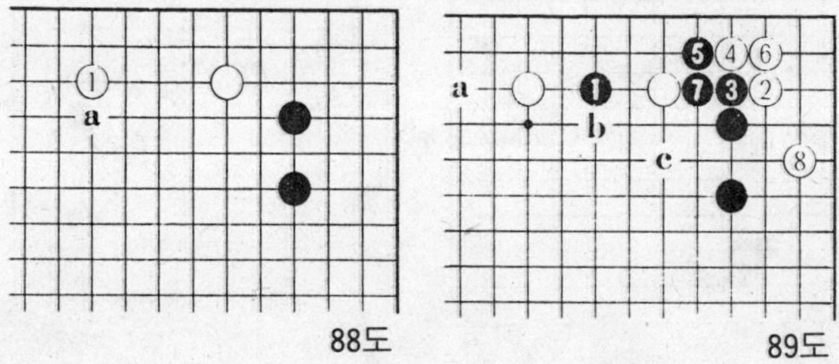

88도

89도

88도 화점에서의 한칸 굳힘이다. 여기에서 백 1로 3칸 벌림이다.

89도 흑 1에는 백 2의 3·3침입으로 이하 8까지이다. 흑은 귀의 실리를 빼앗기지 않을 수가 없다. 흑으로 4, 또는 a로 두면 백b, 백c의 수비가 있다.

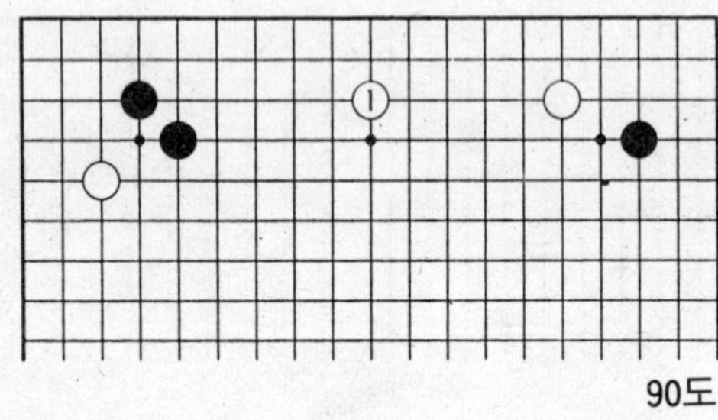

90도

4칸 벌림과 5칸 벌림

적의 돌이 약한 곳에서는 자기돌의 세력전의 공격으로 공격한다. 그러자면 자연히 넓은 벌림이 있다. 4칸 벌림이나 5칸 벌림이 그 예이다.

90도 백 1은 4칸 벌림이다.

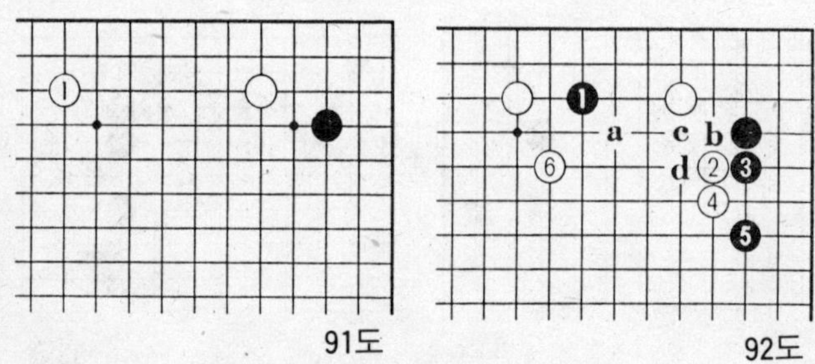

91도

92도

91도 백 1은 5칸 벌림이다.

양자의 차이는 한결같이 모양의 엷음에 있다.

92도 흑 1로 두는 것은 악수이다. 백 2의 씌움에서 4 다음에 6의 씌움이 크다. 백 2의 씌움에 흑b, 백c, 흑d로 싸운다.

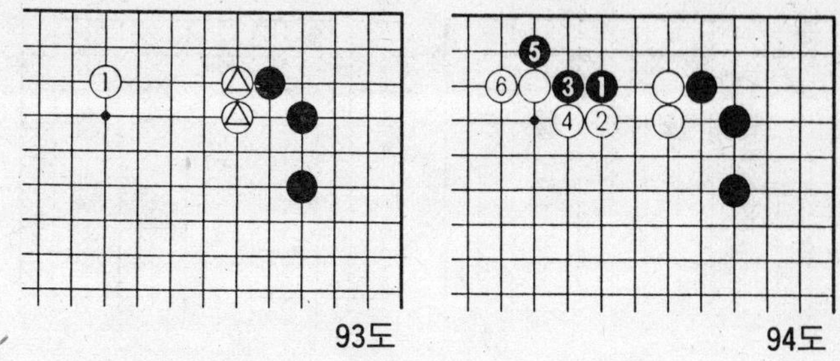
93도 94도

2립 3전

2립 3전을 나타내본다. 고립이 되어 있는 한 점에서는 2칸 벌림이 정착이다.

93도 백◬의 2립이다. 백 1로 3칸 벌림이 있는 곳이다. 참으로 적절하다.

94도 흑 1의 침입이다. 백 2에는 3, 5에서 6까지이다. 백의 외세가 두터워 환영할 만하다.

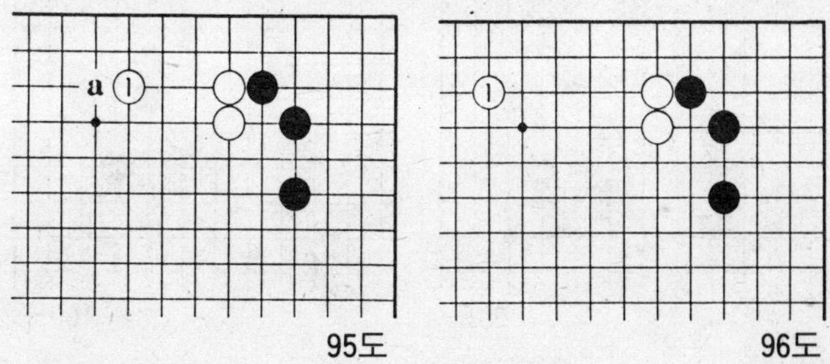
95도 96도

95도 백 1로 두는 것은 견고해 보이지만 모양이 나쁘다. a의 곳이 정착이다.

96도 백 1의 4칸 벌림도 많이 두는 수이다. 당연히 침입이 있는 곳이다.

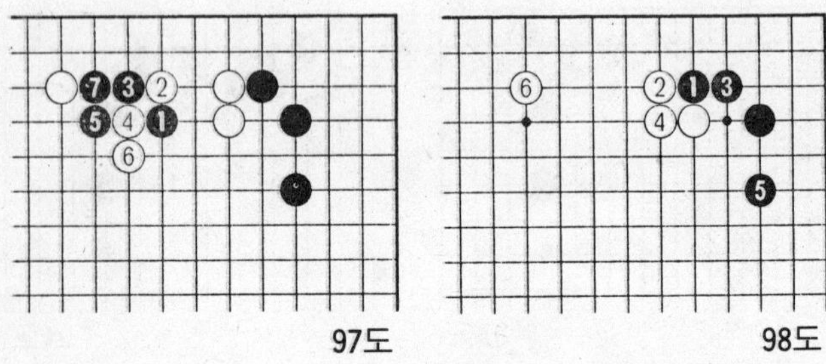

97도 98도

97도 흑 1의 당연한 점이다. 백 2에서 4의 곳 끊음은 7까지의 이음이다. 이것은 큰 손해이다. 즉, 2립은 3전이 옳은 것이다.

98도 흑 1의 붙임에서 6까지이다. 소목으로 백이 한칸 높은 걸침을 한 정석의 하나이다. 쌍방 호각의 갈림이다. 2립 3전이나 3립 4전이나 같은 원칙이다.

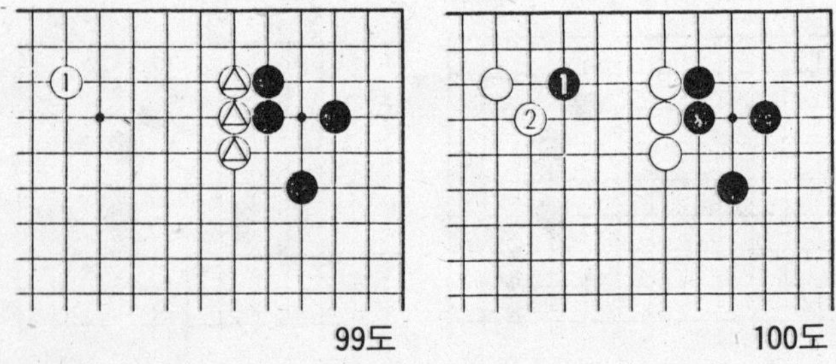

99도 100도

99도 백 △가 3점이라면 당연히 1의 곳까지 벌리는 것이 이상적인 모습이다.

100도 흑 1의 침입에는 백 2이다. 백의 두터움이 강대하다.

제3장

기본정석 25

이 3장에서는 맞바둑에 필요한 정석을 살펴보기로 한다. 맞바둑 정석을 많이 알아야 한다. 최소한 기본적인 정석은 알아야 한다.

소목의 정석

날일자 걸침

1도 흑▲가 소목의 정석이다. 소목에 대하여 날일자의 걸침이다. 이 백1이 소목에서 많이 두는 걸침이다.

2도 흑1의 마늘모가 견실한 수이다. 알기 쉬운 곳이다.

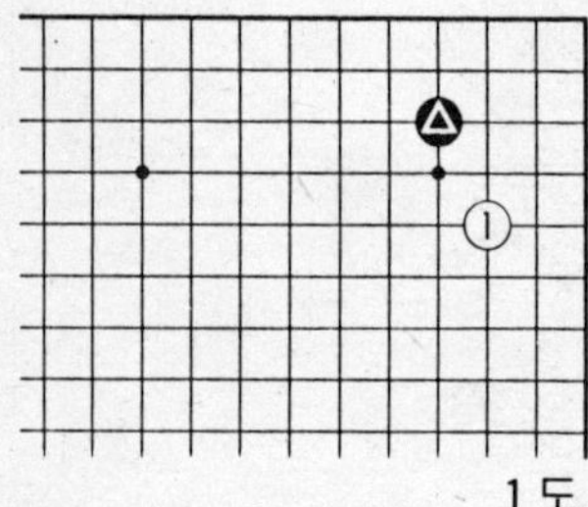

1도

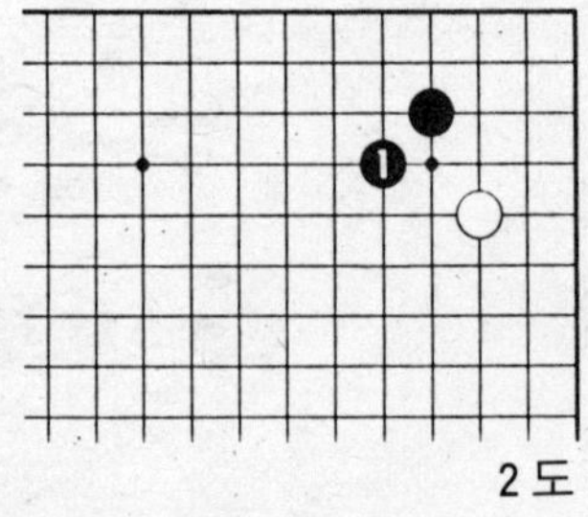

2도

3도 흑의 마늘모에 대하여 백의 받는 방법이다. 백1의 3칸 벌림이다. 여기에서 초심자의 경우를 살펴보기로 하자.

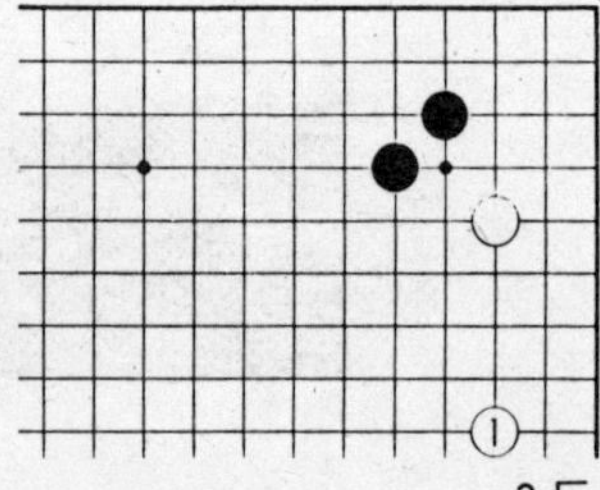

3도

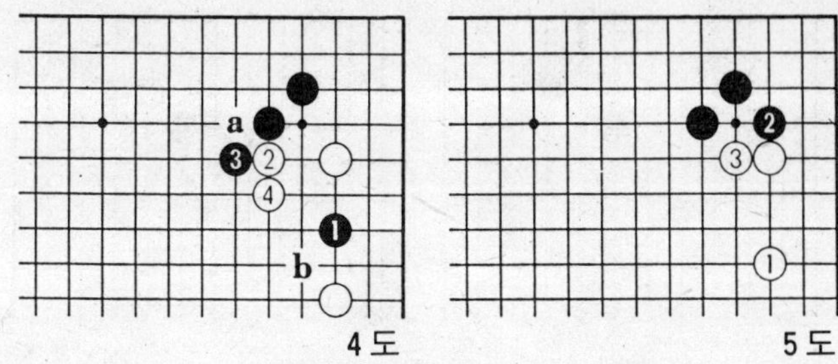

4도 5도

4도 흑**1**의 침입이 있는 곳이다. 여기에서 흑**1**은 백이 **2**, **4**이다. 흑이 a의 곳이면 백은 b의 곳을 둔다.

5도 전도 흑**1**의 침입에 대하여 **1**의 곳 2칸 벌림이다. 흑**2**에는 **3**까지 백이 불만스런 모양이다.

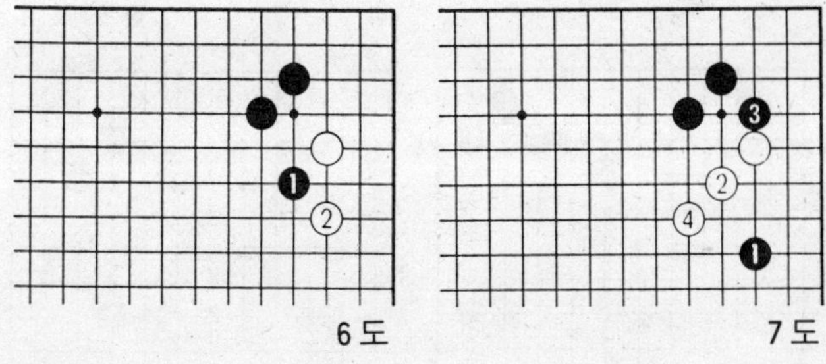

6도 7도

6도 **3**도의 백**1**의 벌림 대신으로 두는 수이다. 손을 뺀다면 흑은 **1**의 곳이다. 백**2**로 모양을 갖춘다.

7도 전도 흑**1**의 싸움으로는 본도의 흑**1**도 있는 곳이다. 백**2**에는 흑**3**으로 둔다. 전도의 흑**1**은 두텁다. 본도의 흑**1**은 공격에 주력이 된다.

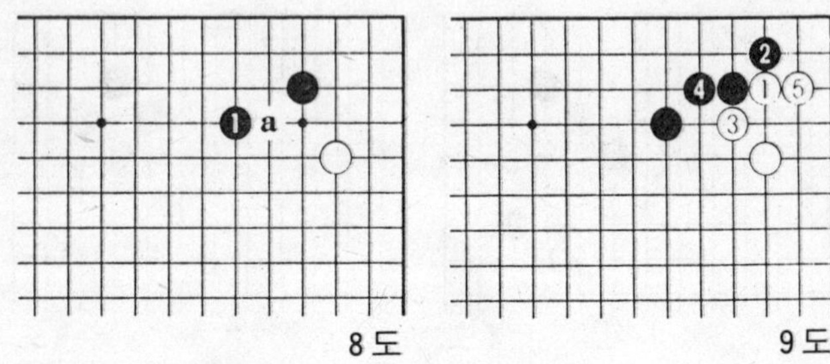

8도 9도

8도 흑1의 날일자는 a의 마늘모보다는 견실함에서 떨어진다. 반면에 탄력성이 있다.

이 날일자에 대하여 백의 응수는?

9도 백1로 3·3에 붙임이 상식적이다. 흑2의 젖힘에서 4의 뻗음까지 움직인다. 여기에서 백이 5의 곳에 늘면 모양이 완성이 된다.

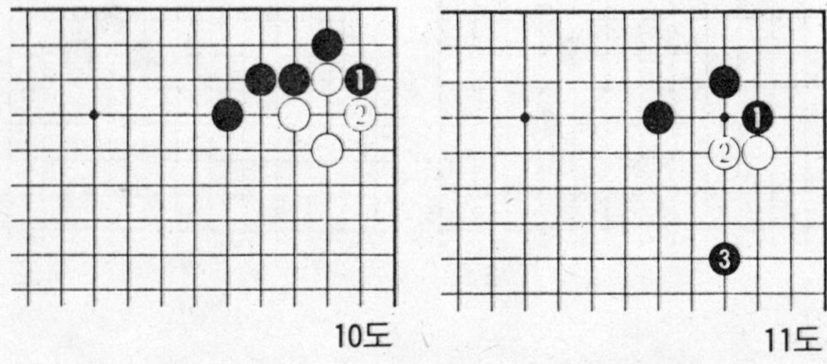
10도 11도

10도 흑은 1의 곳 단수이다. 백이 2로 받는 것은 패이다. 이 점을 놓고 본다면 전도의 백5가 급한 곳이다.

11도 9도의 백1 이하로 두지 않는다면 흑1의 마늘모 붙임이다. 백2에는 3까지 공격이다.

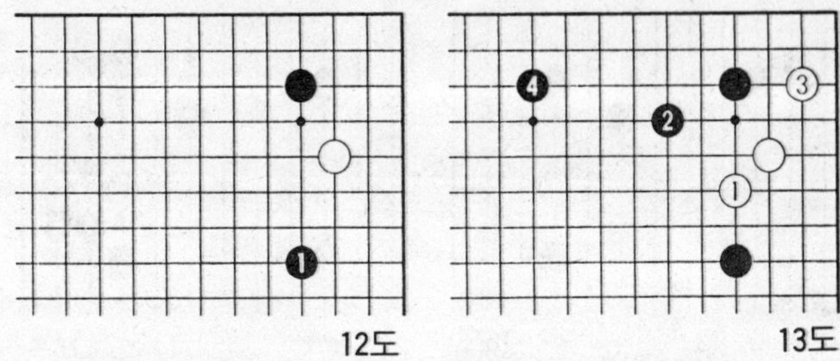
12도 13도

12도 흑 1의 두 칸 높은 협공이다. 현재 많이 두고 있는 맞바둑의 정석이다. 변화가 많은 곳이다.

13도 2칸 높은 협공에서 자주 나타나는 모양이다. 흑 2의 날일자에서 4의 벌림까지 일단락이다. 절대 알아두어야할 정석의 하나이다.

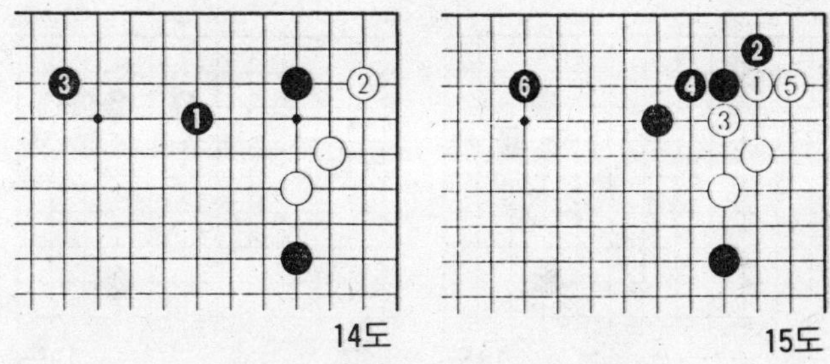
14도 15도

14도 전도 흑 2의 날일자는 흑 1의 눈목자이다. 백은 2의 날일자이다. 흑 3으로 모양을 넓힌다.

15도 13도 백 3의 날일자는 현재는 상식적인 수법이다. 이전은 백 1의 붙임에서 5까지 된 다음에 6의 곳 벌림까지 정형이다. 13도의 백 3과 본도의 백 1과의 차이는-

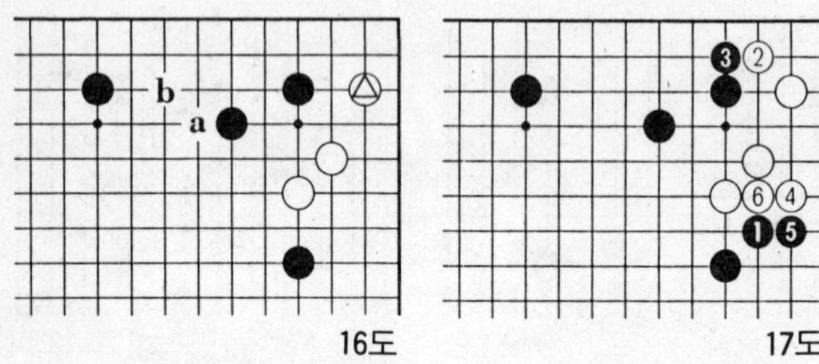

16도　　　　　　　　　　　　17도

16도 백 △의 날일자는 흑의 진영에 대하여 a의 붙임과 b의 곳에 침입하는 맛이 있다. 15도의 백 1 과 본도는 차이가 있다.

17도 백의 모양에 약점이 있다. 장래 흑에서 1 의 곳의 공격이 있다. 백은 2 , 4 의 응수 다음에 결국 6 까지 궁한 모습이다.

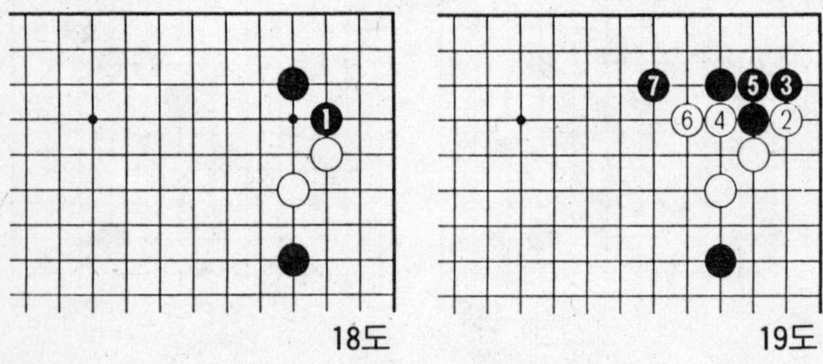

18도　　　　　　　　　　　　19도

18도 13도 흑 2 로는 흑 1 의 마늘모도 정석이다. 역시 이런 모양에서는 흑 1 이 유효하다. 흑 1 에 대하여 백의 응수는—

19도 백 2 의 젖힘에서 4 의 단수이다. 백 6 의 뻗음에서 7 까지 일단락이다.

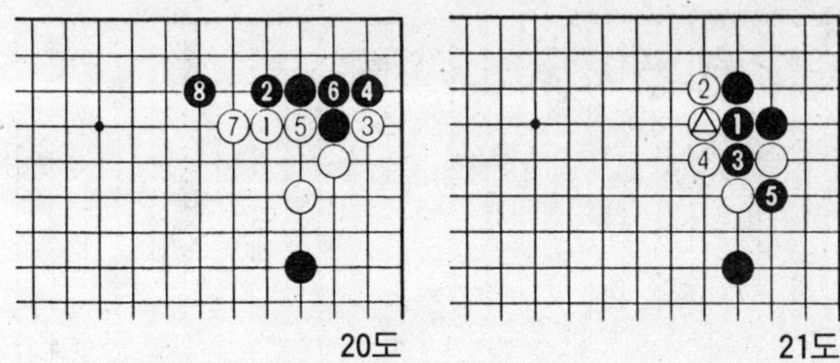

20도　　21도

20도 전도 백 2 의 젖힘으로 백 1 의 곳에 두는 것은 흑이 주의해야 한다. 흑 2 에는 3 이하 8 까지이다. 흑은 불만이다.

21도 백 △ 에서 흑은 1 의 저항이 유력하다. 백 2 의 누름에는 이하 5 의 끊음까지이다. 흑은 축이 유리하다면 흑 3 으로는 4 의 곳 젖힘이 있다.

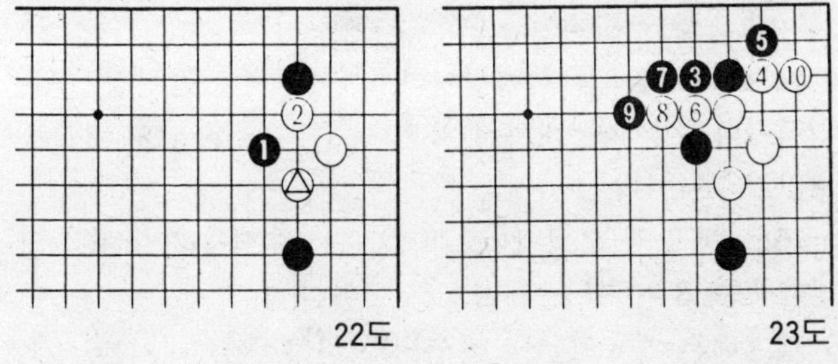

22도　　23도

22도 백 △ 는 알기쉬운 모양이다. 흑에서 분규를 일으키는 수는 1 의 곳 날일자이다. 백 2 의 마늘모 붙임이다.

23도 흑 3 이하 10까지 모양의 하나이다.

흑 7 로 8 의 곳 누름은 강수이다.

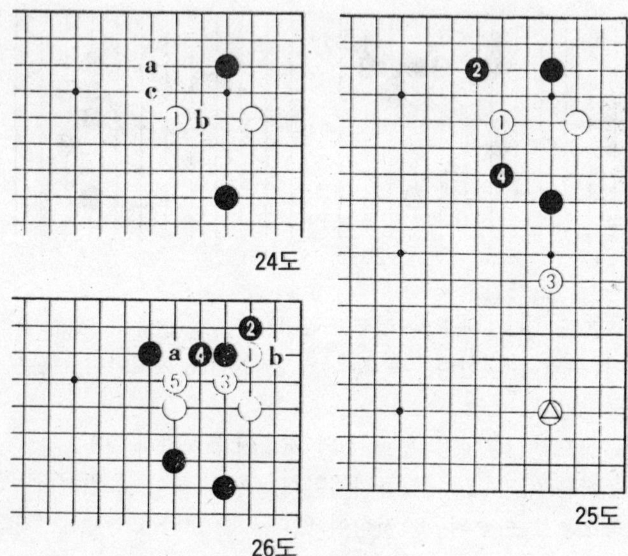

24도

26도

25도

24도 백 1의 2칸 벌림이다. 여기에서는 2칸의 높은 정석이다. 여기에 대하여 흑의 응수는 a, b, c 의 3곳을 생각할 수 있다.

25도 백 1의 2칸이다. 백 △에는 유력하다. 흑 2의 받음에는 3의 협공이 절호의 곳이다.

백 3에는 흑 4의 압박이 상식적이다. 여기에서는—

26도 백 1의 붙임, 다음의 3의 곳이 맥이다. 흑에서 4의 곳을 끊면 5의 곳이 급소의 한 수이다. 백 5에 대하여 흑이 a의 곳에 두면 백은 b의 곳을 둔다.

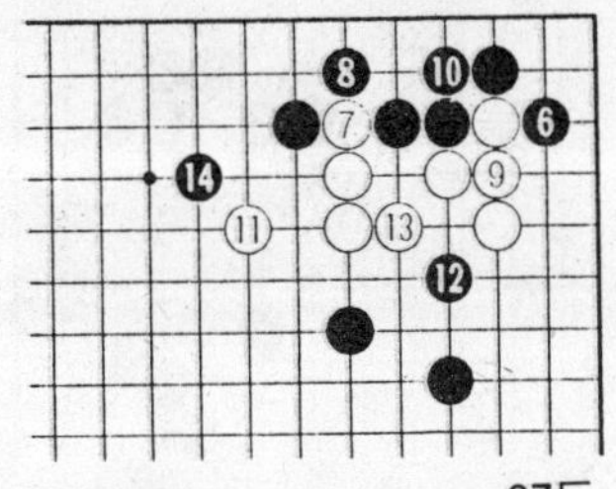
27도

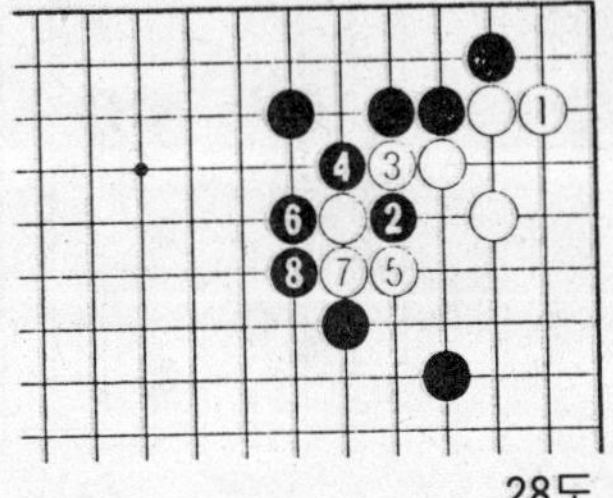
28도

27도 흑 6 으로 저항하는 수단이다. 백은 7 에서 9 까지이다. 이것이 수순이다. 흑10의 이음에 대하여는 11의 한 칸이다. 흑14까지 새로운 전투이다.

28도 26도 백 5 의 붙임이다. 여기에서 본도의 백 1 이면 흑 2 의 건너붙임이다. 이것은 3 이하 8 까지 봉쇄를 당한다.

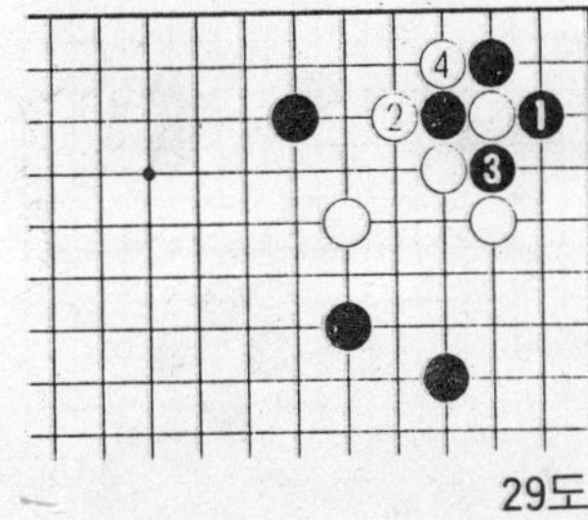
29도

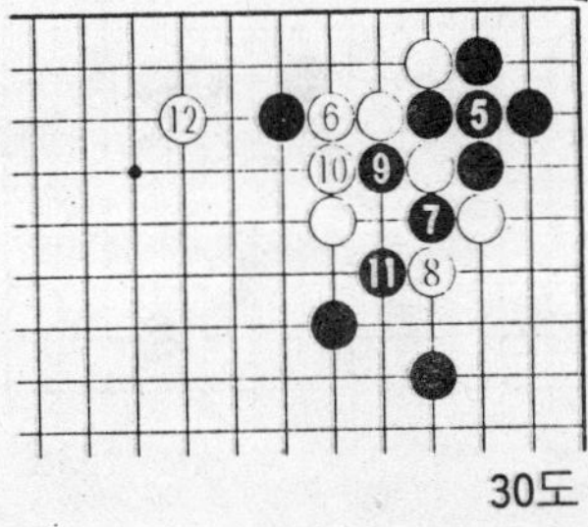
30도

29도 26도 흑 4 의 뻗음으로 본도의 흑 1 의 단수는 백 2 에서 4 까지의 저항이다.

백 2 는 절대의 한 수이다.

30도 전도의 다음 흑 5 의 곳 이음은 백 6 이 좋은 수이다. 7 의 끊음에서 백 8, 10이 맥이다. 백12까지 일단락이다. 전도의 흑 1 에서 12까지 정석이다.

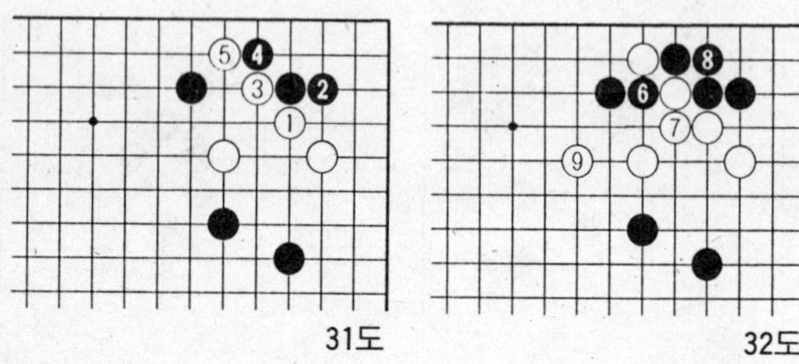

31도 29도 흑 1을 손빼면 백 1로 두는 수가 있다. 여기에서 흑 2의 뻗음에는 백 3, 5의 응수가 있다. 이것이 맥이다. 여기서—

32도 당연히 흑은 6의 끊음에서 8의 이음까지이다. 백은 9로 뛰어 목적 달성이다.

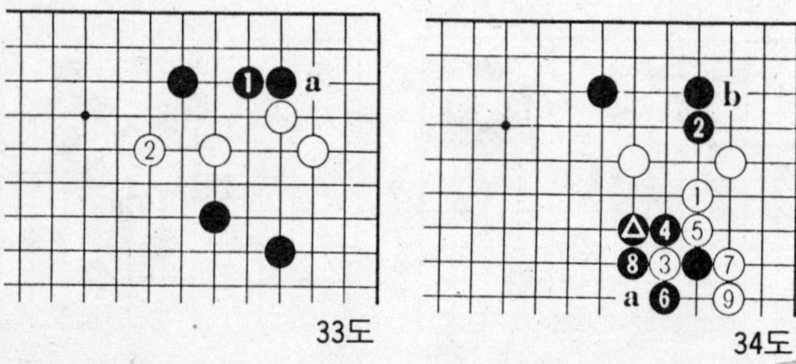

33도 31도 흑 2의 뻗음으로 본도의 흑 1의 뻗음은 백이 2의 곳을 둔다. a의 곳에 둔다면 26도로 환원을 한다.

34도 흑▲의 날일자에는 백 1도 하나의 방법이다. 흑 2가 급소이다. 백 3에서 9까지 건너간다. 흑 2로 a는 백 b이다.

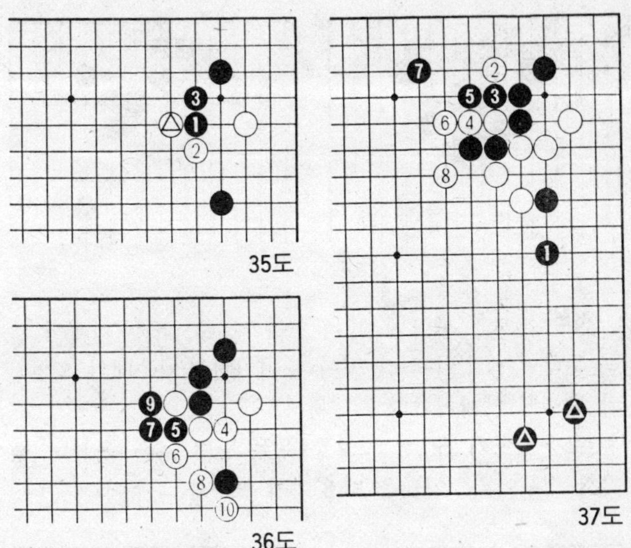

35도 백◬의 2칸 뜀에 대하여 흑 1로 붙이는 수가 있다. 백 2의 누름에는 흑 3의 느는 수가 절대의 응수이다. 여기에서—

36도 백 4에는 흑 5로 끊어 싸움개시이다. 백은 6, 8의 한 수이다. 이것은 흑 9에서 백10까지 일단락이다.

37도 전도 흑 9이다. 흑 1로 한 칸 뛰는 수는 흑▲의 배경이 필요하다.

백은 2의 곳에 응수를 한다. 흑 3 이하는 필연의 수순이다. 흑 7의 날일자는 모양이다. 여기서는 백이 견실하게 8까지 일단락이다.

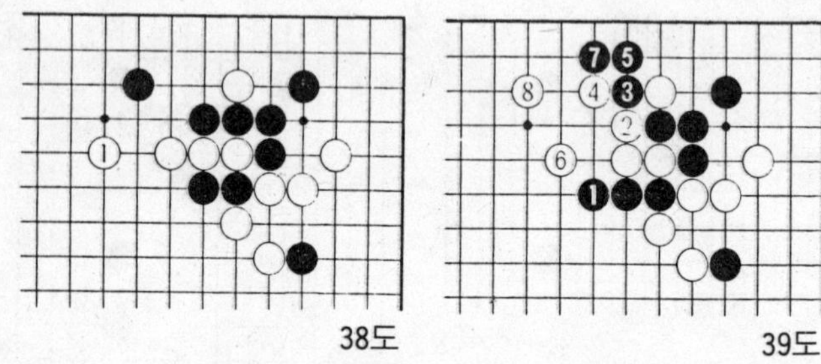

38도　　　　39도

38도 전도의 백 8 로 잡는 수는 견고하다. 여기에서 달리 둔다면 백 1 의 한칸 뜀이다. 여기에서 가운데의 흑 2 점의 움직임을 제어한다.

39도 37도의 5, 7 은 보통 두는 방법이다. 흑 1 로 뻗어서 전투이다. 이것은 백 8 까지 모양을 갖추어 싸운다.

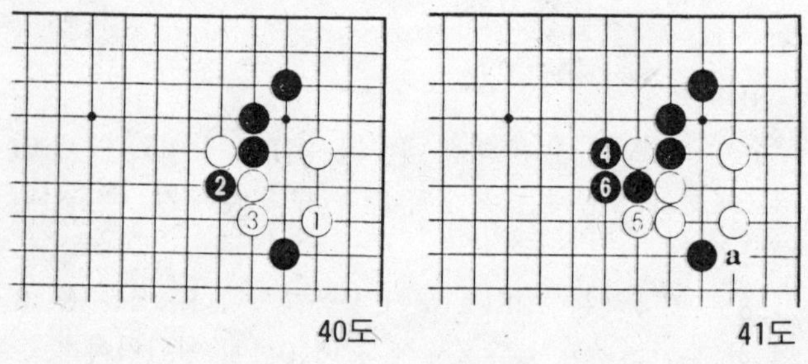

40도　　　　41도

40도 최근의 두는 방법은 백 1 의 한칸 뜀이다. 여기에서 흑은 2 의 끊음이 보통이다. 백도 3 의 곳을 둔다.

41도 흑이 4 로 두면 이것은 6 까지 일단락이다. 이것은 36도가 백이 후수인데 비하여 본도는 선수이다. 전도의 백 1 이 선수를 가늠하는 작전이다.

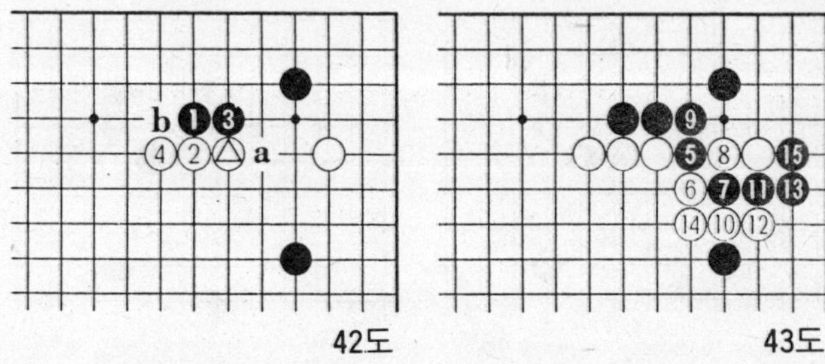

42도　　43도

42도 백△의 2칸 벌림에 대하여 흑 **1** 로 두는 수가 있다. 여기에는 백 **2** 로 누른다. 흑 **3** 에는 백 **4** 의 뻗음이 절대이다. 백 **4** 로 a는 흑b로 둔다. 여기에서—

43도 흑 **5** 이하로 두는 것은 이하 **14**까지 정석이다. 흑의 실리에 대하여 백은 모양을 키운다.

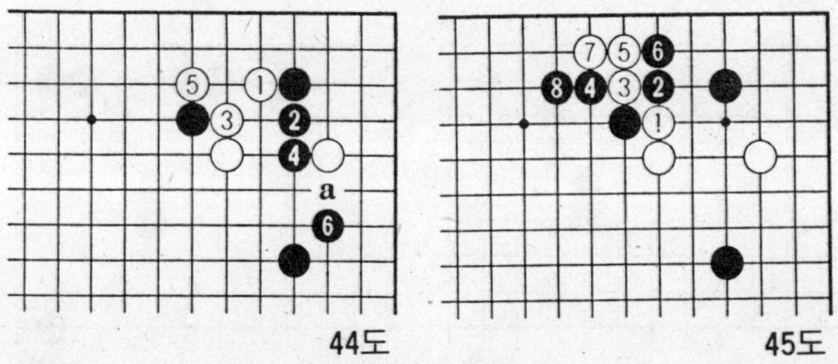

44도　　45도

44도 **42도**의 백 **2** 로는 본도 백 **1** 도 유력한 수단이다. 여기에서 흑 **2** 는 이하 **6**까지이다. 여기에서 직접 a의 곳을 막는 것은 맛이 남아 좋지 않다.

45도 백 **1** 에서 **3** 의 끊음이 있다. 이 다음의 변화가 복잡하다. 이 모양은 이 책의 독자는 피하는 것이 현명하다.

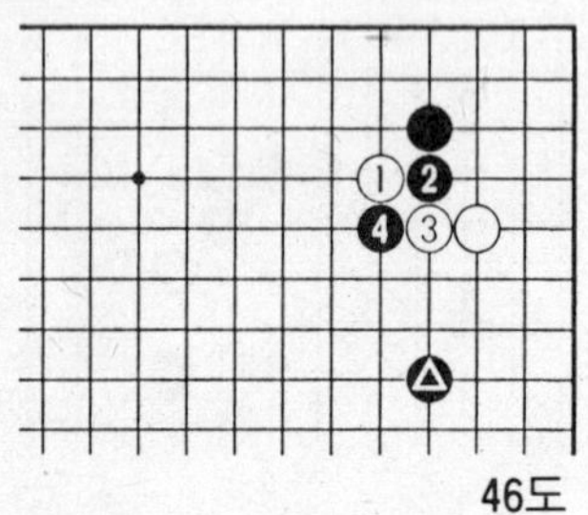

46도

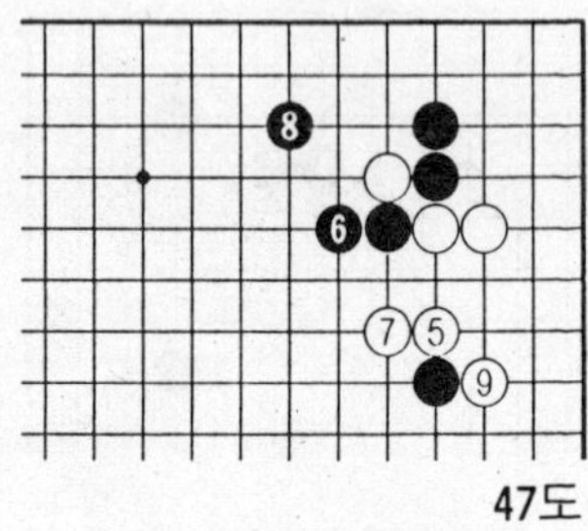

47도

46도 출발점부터 살펴보자. 백 1의 날일자로 정석이다. 이에 대하여 흑은 ◭의 협공이 유력하게 있다. 흑은 2, 4의 나가 끊음이 보통이다. 여기에서 백은—

47도 백 5의 붙임이 묘하다. 이외에 달리 두는 수는 없다. 백 5에 대하여 흑은 6의 곳을 뻗는다. 백 9까지 젖혀 무난하다.

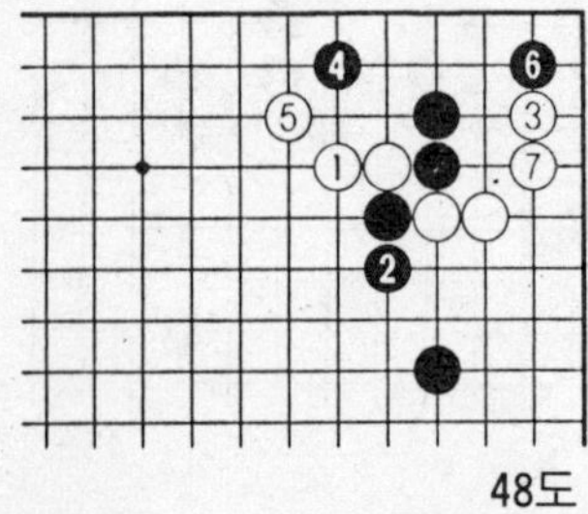

48도

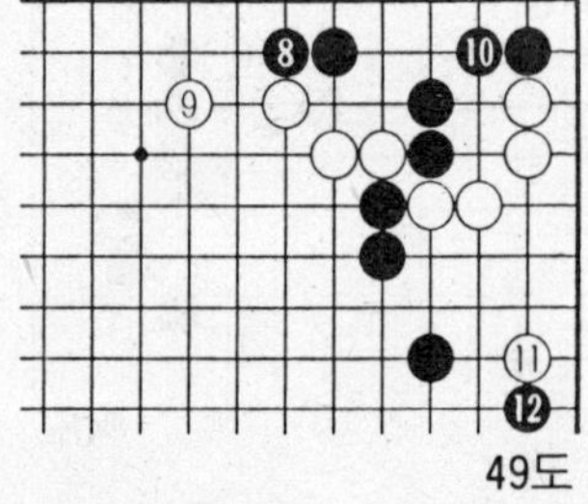

49도

48도 전도의 백 5의 붙임으로 본도의 백 1은 흑 2 이하의 싸움이 전개된다. 흑은 4의 날일자로 둔다. 백 5에 흑 6까지 수순이다.

49도 전도의 다음 흑은 8에서 10까지 귀의 흑돌은 완전히 산다. 백도 11까지 미끄러진다. 흑12까지 이것은 흑의 우세이다. 여기에서 전도의 백 1은 무리이다.

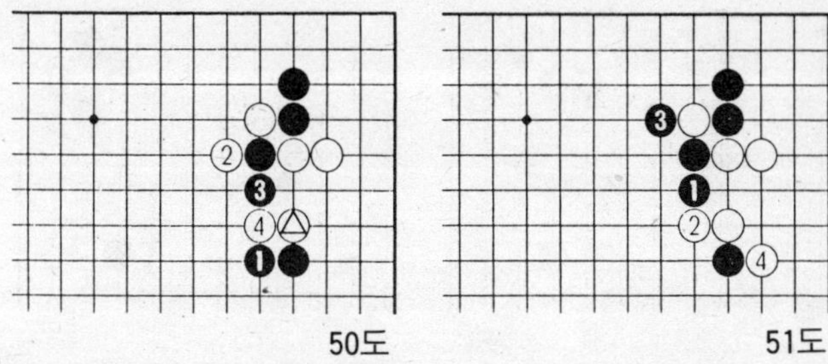

50도　　　　　　　　51도

50도 다시 얘기를 바꾸어 백 △의 붙임에 대하여 흑 1로 서는 것은 백 2의 단수 다음에 4의 수순이 교묘하다. 흑은 쉽게 수습할 수 없다.

51도 흑 1로 누르는 수를 생각할 수 있다. 백 2의 올라섬은 한 수이다. 흑 3에는 4로 우변을 지킨다.

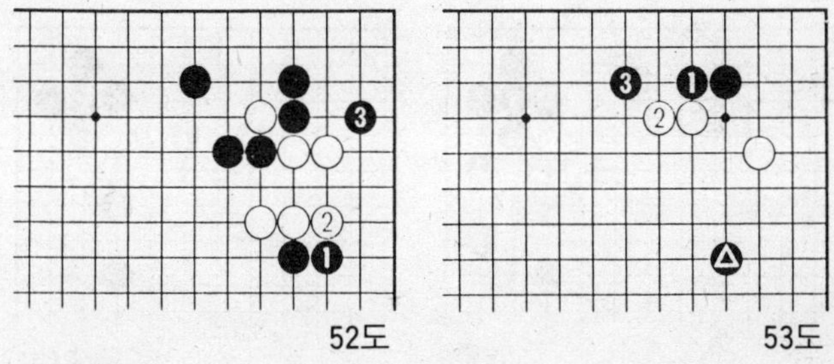

52도　　　　　　　　53도

52도 47도 백 9로 전도의 백 4의 지킴은 중요하다. 이를 태만히 하면 흑 1의 내려섬에서 3의 다가섬이 날카롭다.

53도 흑 1의 뻗음이 온건하다. 백 2의 뻗음에는 3의 곳 한 칸 뜀이다. 이 다음에 백에서는 흑 ▲의 한 점이 다가섬이 있어 착점이 어렵다. 불만이다.

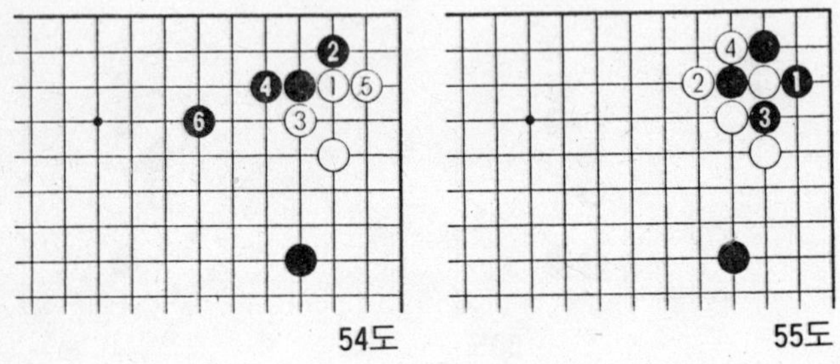

54도　　　55도

54도 백 1 로 3·3에 붙이는 수이다. 여기에서 흑 2 의 젖힘에는 백 3 으로 둔다. 흑이 4 의 곳을 뻗으면 백 5 로 아래쪽을 두어 사는 모양이다. 흑 4 로는—

55도 흑 1 로 저항을 하는 수단이 있다. 백 2 의 단수에서 4 의 단수까지 호각의 응수이다.

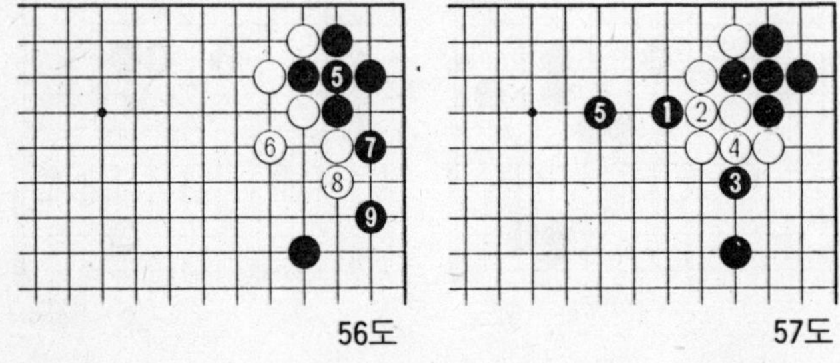

56도　　　57도

56도 흑 5 의 이음에서 9 의 연락까지 일단락이다. 백 모양이 갖추어져서 흑은 54 도의 주문을 거스른다.

최근에는 54 도의 수를 많이 본다.

57도 다른 수는 전도의 흑 7 이다. 이 수로는 본도의 흑 1 로 맞보는 수가 있다. 5 까지 공격을 한다.

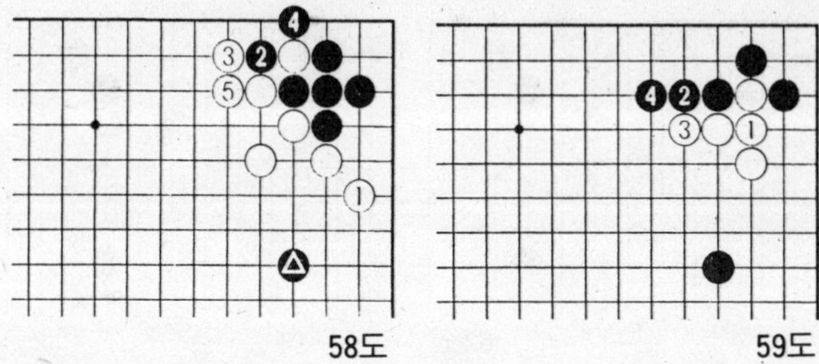

58도　　　　59도

58도 흑이 56도 흑 7 이하를 두지 않으면 본도의 백 1 이 좋은 수이다. 흑은 2, 4 로 백 한점을 잡지 않을 수 없다. 백은 5 까지 모양을 갖춘다. 흑 ▲ 가 완전히 고립이 된다. 흑의 비세(非勢)가 역력하다

59도 55도 백 2 의 수로 본도의 백 1 의 이음은 나쁘다. 백 3 으로 느는 모양이 나쁜 모양의 중복이다.

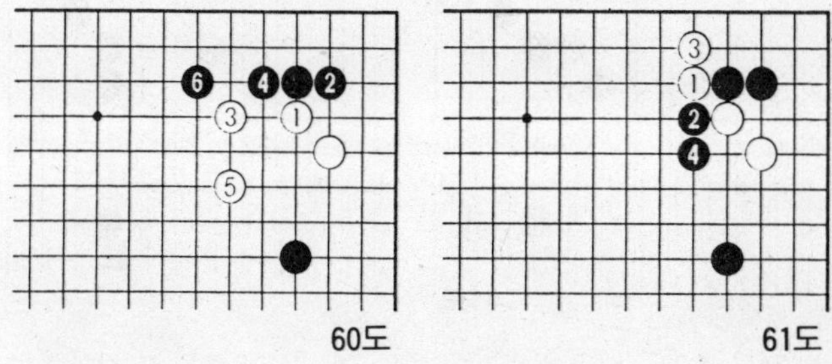

60도　　　　61도

60도 55도 흑 1 의 의도를 피하려면 본도의 백 1 의 마늘모이다. 흑은 2 에서 4 까지 끌면 백 3, 5 로 두어서 무사하다. 흑 6 까지 충분하다.

61도 여기에서 백 1 의 누름은 강수이다. 반대로 흑 2 의 끊음은 난해한 변화가 생긴다.

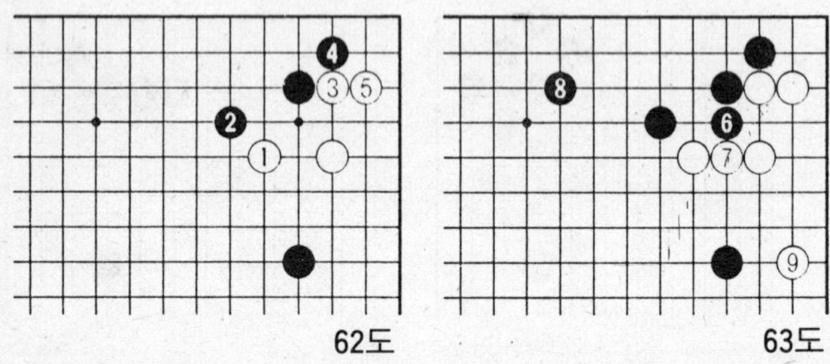

62도 63도

62도 백 1의 한칸 뜀은 최근에 많이 두는 수이다. 이 수 다음의 변화는 알기 쉽다. 비상 수단도 있다. 백 1에 대하여 흑 2의 날일자가 보통이다. 백은 3, 5로 모양을 갖춘다.

63도 이후 흑 8로 상변에 전개를 한다. 백도 9의 달림이 있다. 이 장면에서 손을 빼는 것은 자유이다.

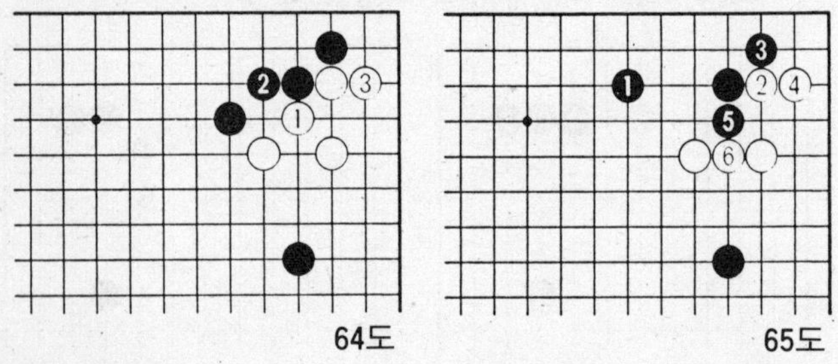

64도 65도

64도 62도 백 5의 수로 본도 백 1도 있다. 이것은 악수이다. 왜냐하면 흑 2의 뻗음으로 흑모양이 단단해지기 때문이다.

65도 62도의 흑 2의 날일자로는 흑 1의 2칸 벌림도 있다. 백 2, 4로 둔다. 여기에서 2칸 협공의 최종적인 것을 마치고, 다음은 한칸 협공을 나타내기로 한다.

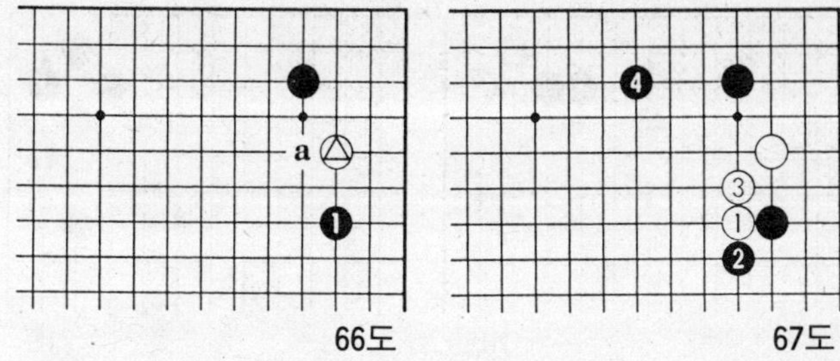

66도 67도

66도 흑 1의 한칸 협공이다. 백 ◎를 압박하는 수로 백에서 손을 빼면 흑 a의 누름이 강렬하다.

67도 백 1의 붙임은 견실한 수이다. 흑 2의 젖힘은 절대이다. 백은 3으로 늘어둔다. 흑은 상변을 4의 곳으로 두는 것이 상식이다.

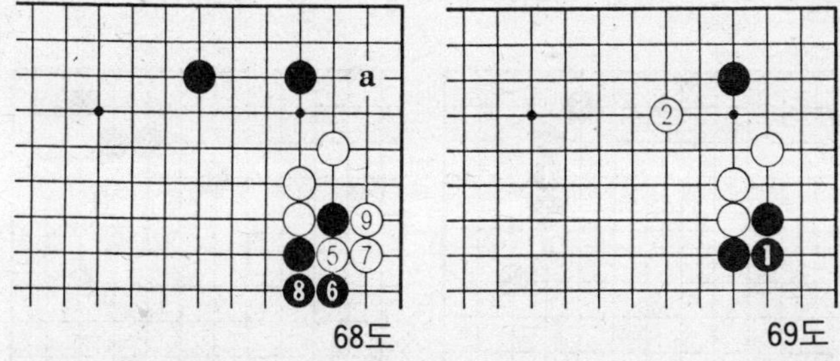

68도 69도

68도 백은 당연히 5의 곳을 끊는다. 이것은 9까지 무사하다. 다음에 a의 곳에 진격하여 흑을 공격하는 수단을 본다.

69도 67도 흑 4의 벌림으로 본도의 흑 1로 우변에 두는 것은 백 2로 상변에 둔다. 이 다음의 전투가 불리하지만 백이 불리하지는 않다.

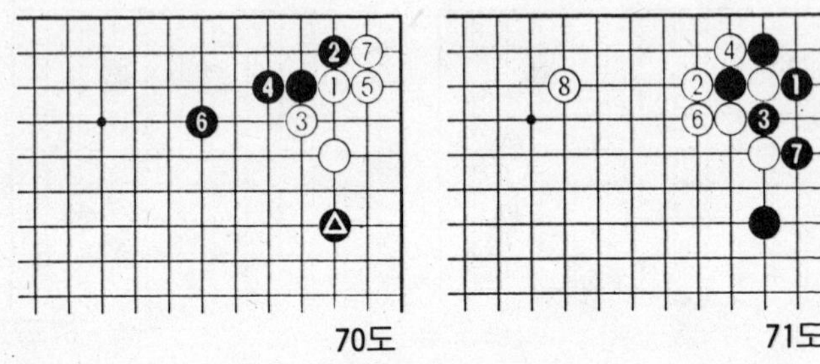
70도 71도

70도 백 1로 3·3에 붙이는 것은 어떨까? 여기에서는 흑 2의 젖힘으로 2칸 협공과 같은 모양이 나온다. 흑 6의 날일자까지 된 모양에서 백은 7의 곳을 두지 않을 수 없다.

71도 흑 1로 반발하는 수는 어떨까? 한칸 협공에서도 많이 둔다. 백 6의 이음에서 8의 전개까지이다.

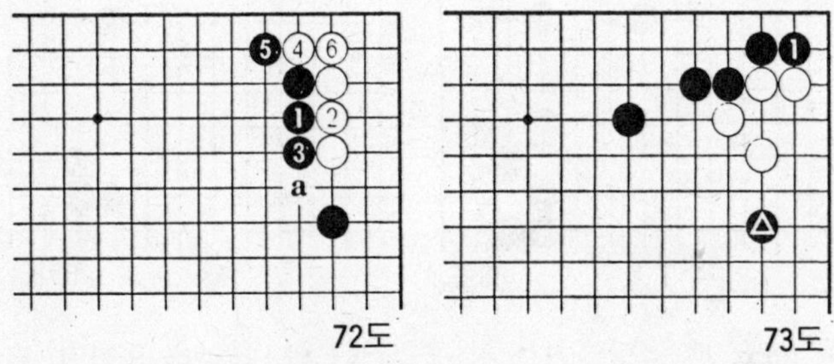
72도 73도

72도 70도 흑 2의 젖힘은 급소이다. 이것을 흑 1로 뻗는 것은 좋지 않다. 백 2 이하 6까지인데 백 4로는 a의 곳을 젖히는 수도 있다.

73도 70도에서 백 7을 두지 않으면 흑은 1의 곳을 둔다. 이 때로부터 흑 ▲가 위력을 발휘한다.

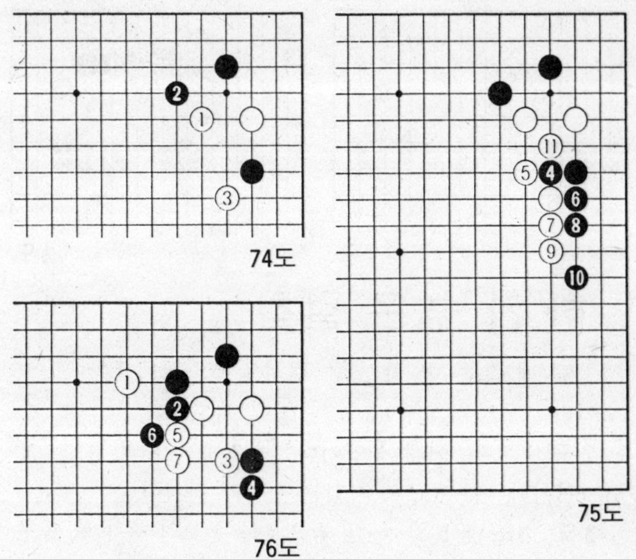

74도 67도, 70도의 1은 안전 제일주의의 수이다.

다음에서는 공격적인 수를 나타내 본다. 백 1의 뛰이다. 흑 2의 날일자는 당연하다. 백 3의 싸움에서—

75도 흑은 4에서 이하 10까지 저위를 둘 수밖에 없다. 이 다음에 흑은 상변의 2점을 지킨다.

76도 74도 백 3의 싸움으로는 백 1로 상변을 압박하는 수도 있다. 흑 2 이하 백 7까지 복잡한 싸움이 된다. 무리한 모양이 아닐 수 없다.

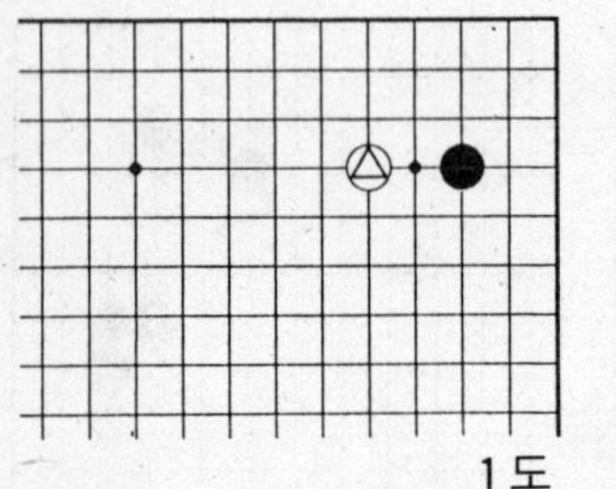

1도

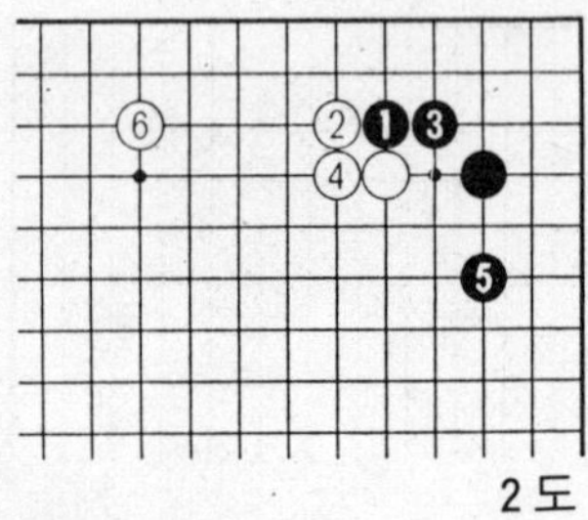

2도

한 칸 높은 걸침

1도 백◬는 한 칸 높은 걸침으로 최근에 많이 두는 수이다. 모양을 키우며 두는 것이 의도이다.

2도 흑1의 아래 붙임이다. 백2에서 6의 3칸 벌림까지이다. 이것도 인기있는 정석의 하나이다.

3도 전도 흑5의 한칸 뜀으로는 본도의 흑1로 두는 수이다. 이것은 백a가 약점이다.

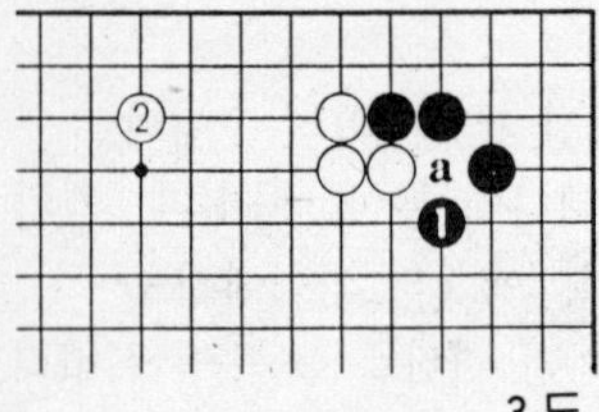

3도

4도 백◬이 좌상귀의 화점에 있다면 1의 곳에 높게 벌리어 둔다.

포진에 있어서는 a의 곳도 나쁘지 않다.

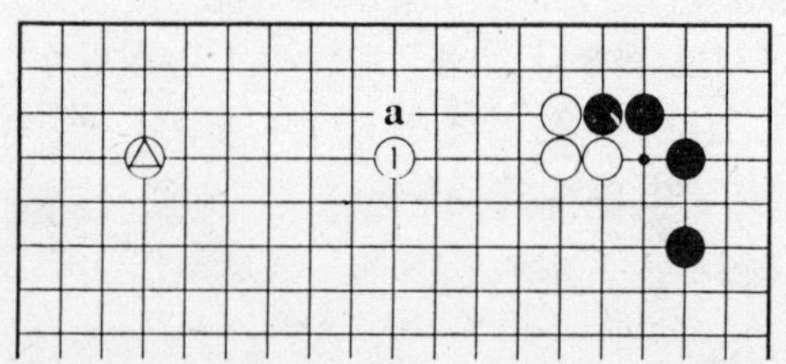

4도

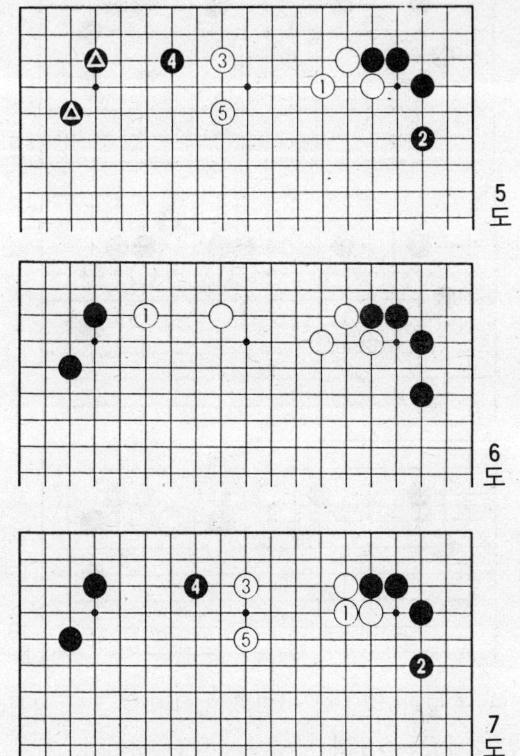

5도 2도의 백 4로는 흑▲의 군힘이 있다면 본도의 백 1에서 3까지 둔다. 흑 4의 다가섬에는 백 5가 중요한 수이다.

6도 전도의 흑 4를 손빼면 당연히 1의 곳에 둔다.

7도 5도의 백 1, 3은 견실하지만, 흑 4의 곳에 다가서는 수가 좋아 백의 벌리는 폭이 좁다.

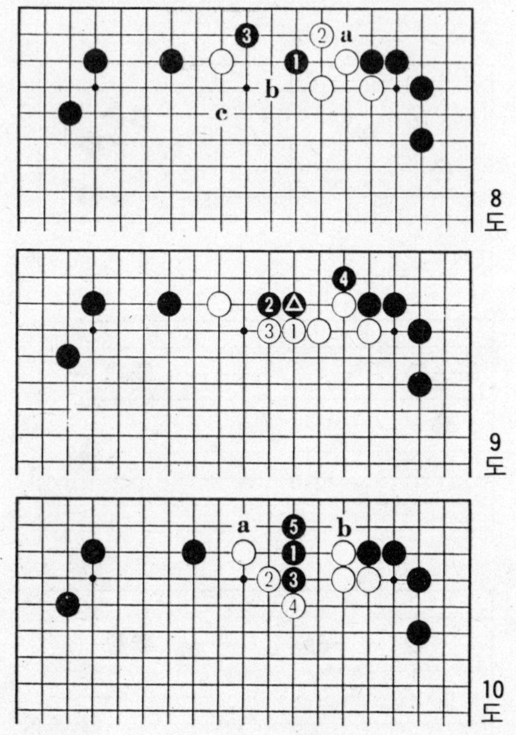

8 도 5 도의 백 1 의 지킴이 없다면 흑 1 의 침입이 있다. 백 2 에는 흑 3 의 날일자가 좋은 수이다. 백이 b 의 곳에 모양을 갖추는 변화는 어떻게 변화를 하여도 무리이다. 당연히 백은 흑 1 이 있기 전에 c의 곳을 지킨다.

9 도 흑 ◬ 에 대하여 1, 3 으로 두는 것은 충분하지 않다.

10도 7 도 백 5 를 손빼면 1 의 곳에 두어 건너가는 수가 있다. 백 2, 4 에는 흑 3, 5 로 두어 a, b의 곳이 맞보기이다.

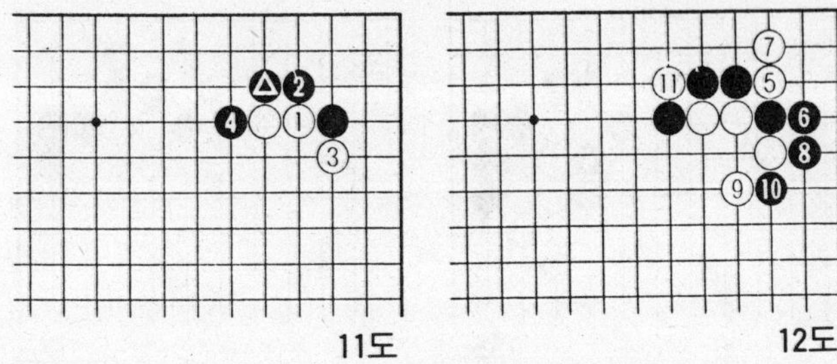
11도 12도

11도 흑▲의 아래 붙임에 대하여 백 1, 3 으로 두는 것은 눈사태의 모양이다. 흑 4 까지 작은 눈사태형이다.

12도 백은 5, 7 이 절대이다. 흑 8 의 꼬부림에 백 9 에서 11의 끊음까지 정석이다. 이 다음 —

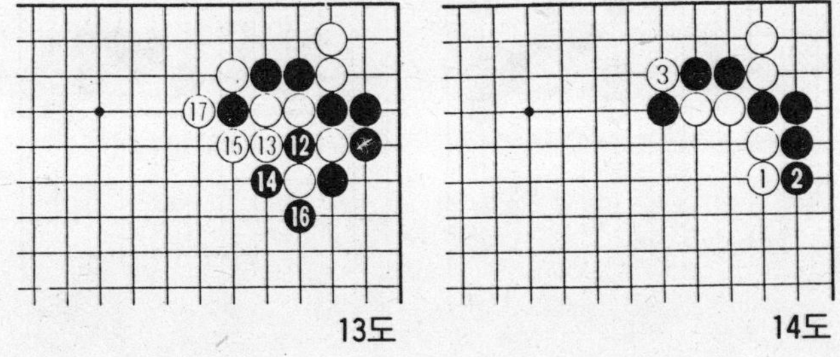
13도 14도

13도 흑12에서 14의 끊음까지이다. 흑16, 백17까지 일단락이다. 백17은 보류할 수도 있다.

14도 12 도 백 9 는 축이 유리하다면 1 의 곳을 뻗는 수도 가능하다. 흑 2 에는 3 으로 끊는다.

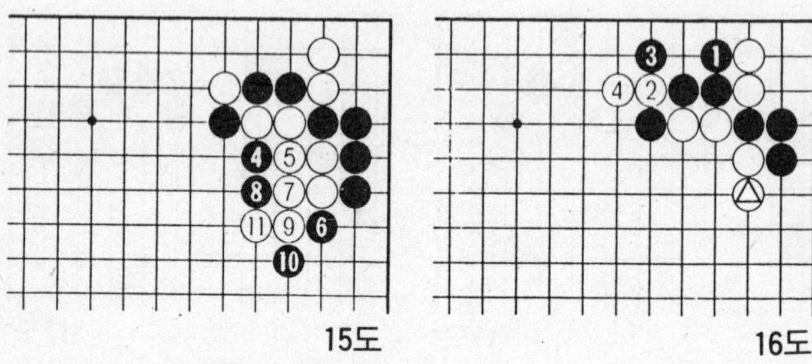

15도　16도

15도 여기에서 흑은 **4**의 단수에서 **6**의 축몰이까지이다. 축이 불리하다면 흑이 나쁘다.

16도 흑이 축이 나쁘다면 백 △의 뻗음에 대하여 흑 **1**로 둔다. 백은 당연히 **2**의 곳을 끊는다. 여기에서—

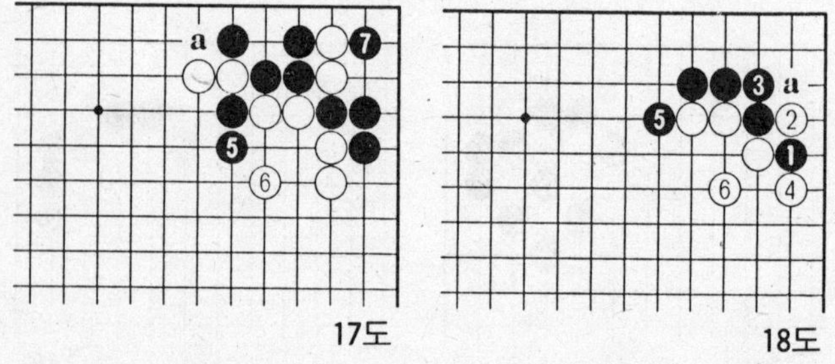

17도　18도

17도 흑은 **5**의 뻗음에서 **7**까지 귀의 2점을 잡는다. 여기에서 흑은 일응 괴멸을 면할 수 있다. 백a로 공격하면 고전이다.

18도 **11**도 흑**4**의 젖힘으로 흑이 알기 쉽게 두는 것은 흑**1**이다. 백**2**, **4**는 절대이다. 흑**5**로는 a의 곳을 두지 않는다.

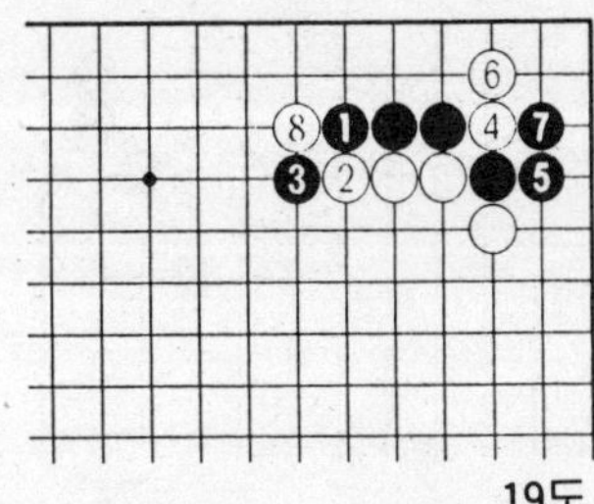

19도

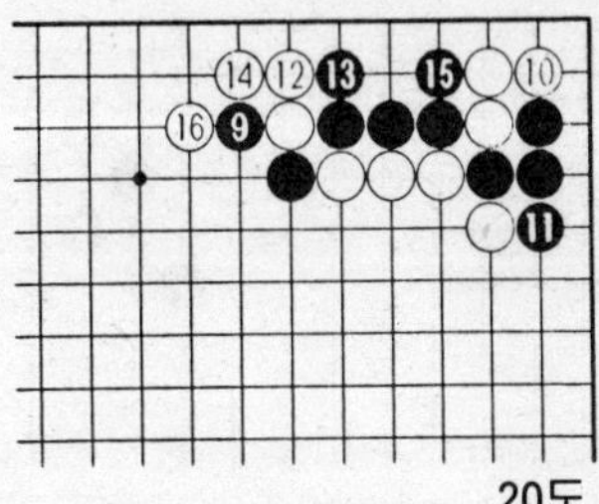

20도

19도 흑 1 로 뻗어 큰 눈사태형의 변화이다. 이것은 변화가 복잡하다. 고급스런 생각이 필요하다.

백 2 에 흑 3 으로 본격적인 큰 눈사태형이다. 흑 7 에는 8 의 끊음이 절대이다.

20도 흑 9 에 백10도 좋은 수순. 흑15로 귀쪽의 백 3 점을 잡는다. 16까지이다.

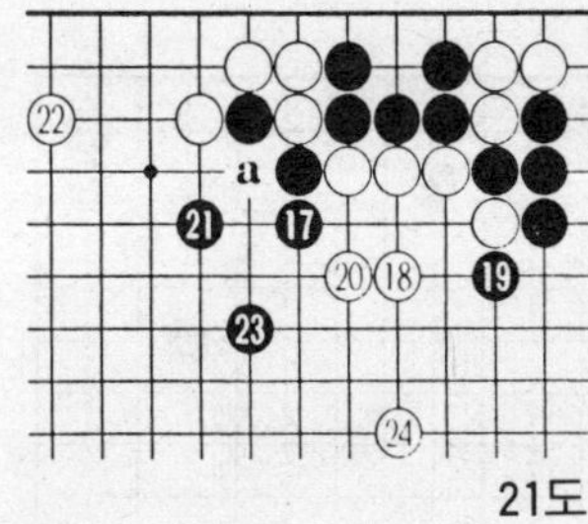

21도

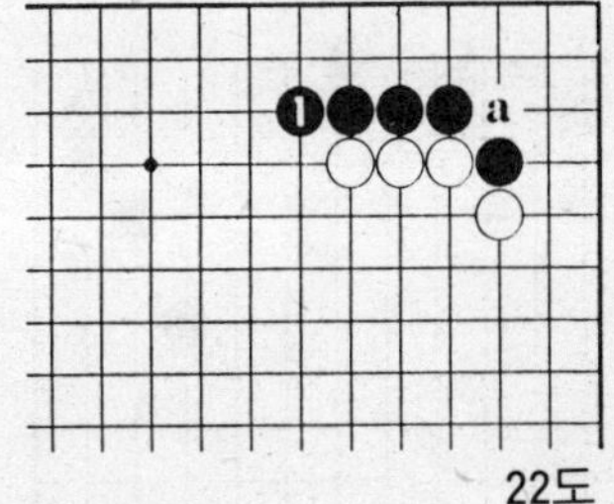

22도

21도 흑은 a의 곳을 잇지 않고 17의 곳을 뻗는다. 백 18, 흑19 다음 23의 달림까지이면 백도 24로 뛰어싸운다. 19도 흑 1 이하 본도의 24까지가 대표적인 정석이다.

22도 이것은 정석을 무시한 방향착오이다. 물론 19도 흑 3 의 젖힘으로는 본도의 1 의 곳 뻗음이 안전하기는 하다. 흑 1 로는 a 의 곳 이음도 있다.

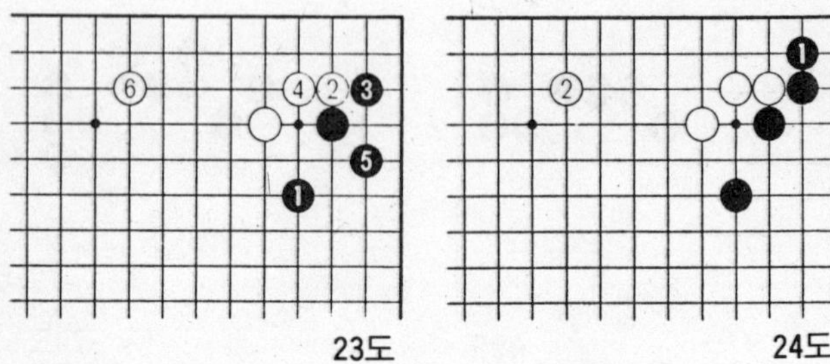

23도 24도

23도 흑 1의 날일자 받음이다. 이것도 하나의 방법이다. 이에 대하여 백은 2, 4로 두는 것이 절대이다.

흑 5의 벌려 이음이 견실한데 6의 벌림까지 일단락이다.

24도 전도의 흑 5로는 본도의 1의 곳을 뻗는 수도 있다. 백은 전도와 마찬가지로 2의 곳에 벌린다.

이것은 상변의 백이 전도보다는 강하지 않다.

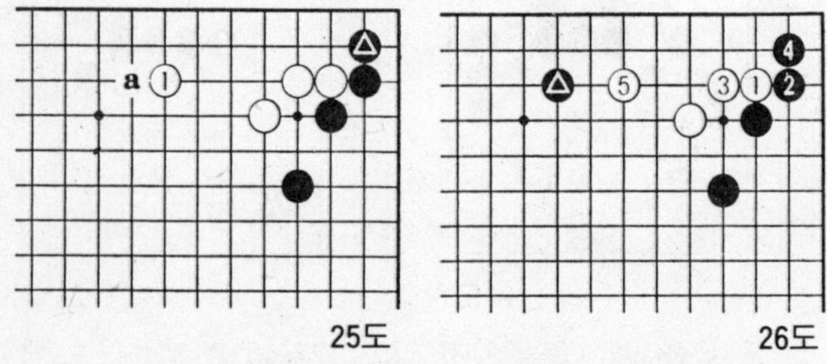

25도 26도

25도 흑▲의 뻗음에 대하여 주위에 흑의 두터움이 있다면, 백은 a의 곳에 두지 않고 1의 곳에 두어서 자중을 한다.

26도 흑▲가 있다면 백은 1, 3에서 5까지 벌릴 수밖에 없다. 불만이 아닐 수밖에 없다.

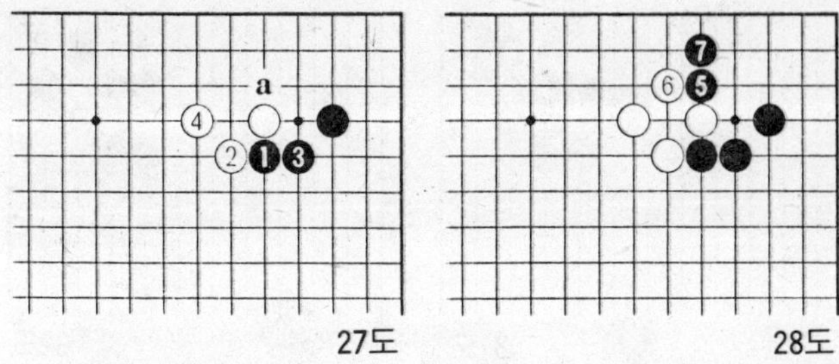

27도

28도

27도 a의 아래 붙임 대신 흑 1 로 위쪽을 붙이는 수도 있다. 흑모양을 키우는 수이다. 당연히 백 2 의 젖힘으로 온전한 정석이다. 흑 3 에 백 4 다음—

28도 흑은 5, 7 로 아래쪽을 둔다. 여기까지 일단락이 되는 것이 보통이다.

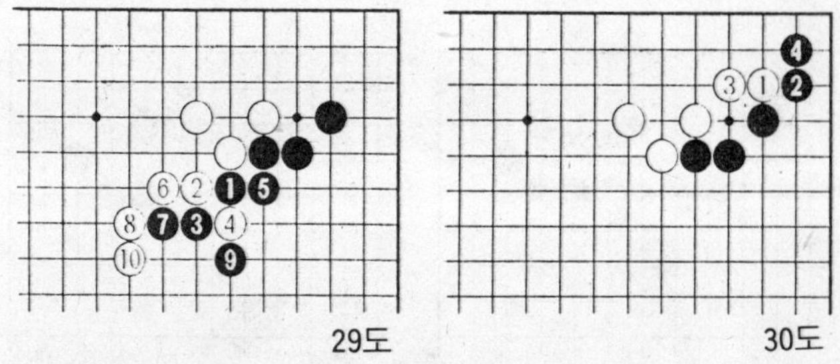

29도

30도

29도 전도의 5, 7 의 정석으로는 본도의 흑 1, 3 의 2 단젖힘도 있다.

백 4 이하 10까지 전투의 양상이다.

30도 27도까지 된 다음 흑이 손을 뺀다면 백에서 1, 3 으로 두는 수도 있다.

흑 4 의 뻗음이 후수여서 손해이다.

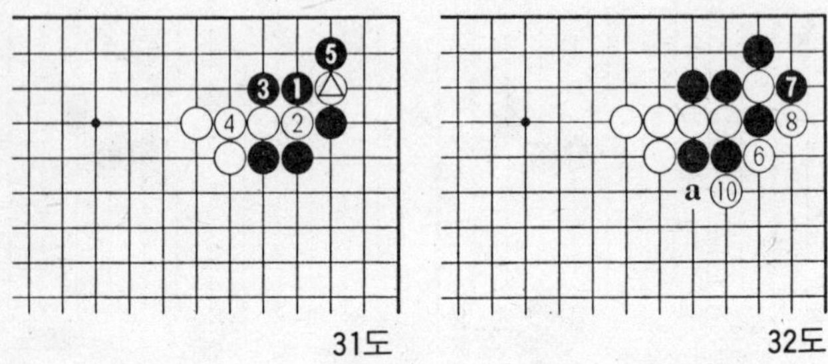

31도　　32도

31도 전도의 결과가 흑의 불만이어서 백◬의 붙임에 3, 5로 두는 수순이 있다. 여기에서—

32도 백은 6의 끊음 다음에 10까지 흑2점을 몰아서 축이다.

백이 축이 불리하다면 백a로 두는 것이 호쾌하다.

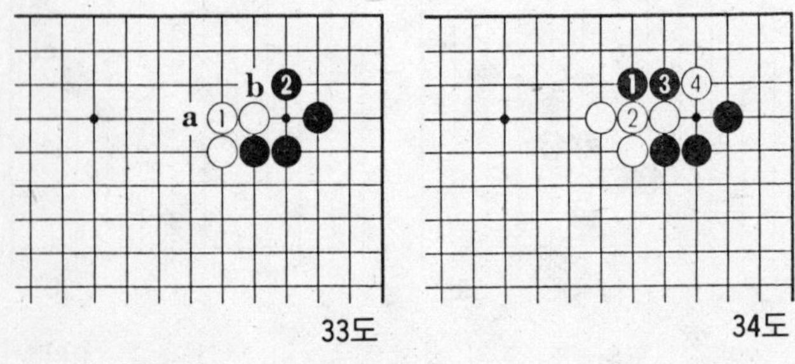

33도　　34도

33도 27도의 백4로 본도의 백1로 두는 수는 없다. 지금은 흑2에 백의 받음이 어렵다. 1로 a는 흑2에 대하여 b의 누르는 수가 있다.

34도 28도 흑5로는 본도의 흑1도 있다. 여기에는 큰 변화가 있다. 흑3에는 백4의 저항이 있다.

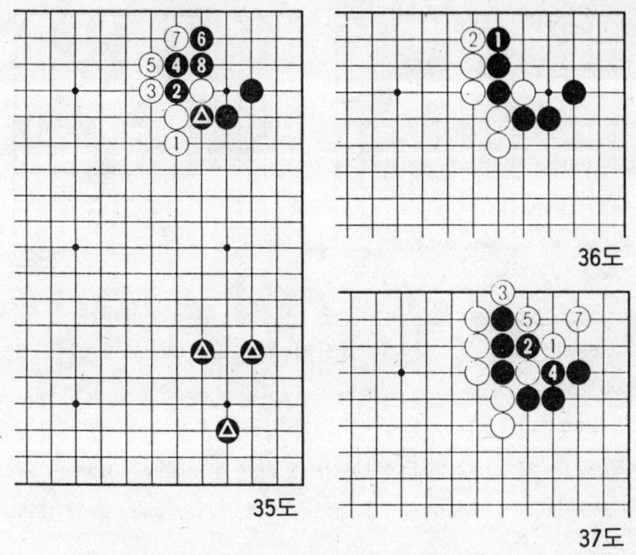

35도

36도

37도

35도 흑▲의 위쪽을 붙이는 수는 모양을 의식한 수이다. 백이 이것을 파괴할 경우, 우하귀에 흑▲의 배석이 있다던 백 1의 뻗음이 유력하다. 흑 2의 끊음에서 8까지 정석이다.

36도 전도의 흑 6의 마늘모 대신에 1의 곳을 뻗는 것은 백 2로 누르지 않을 수 없다.

37도 흑이 손을 빼면 백 1에 두는 수가 있다. 흑 2, 4에는 백 3, 5 다음에 7의 수가 교묘하다.

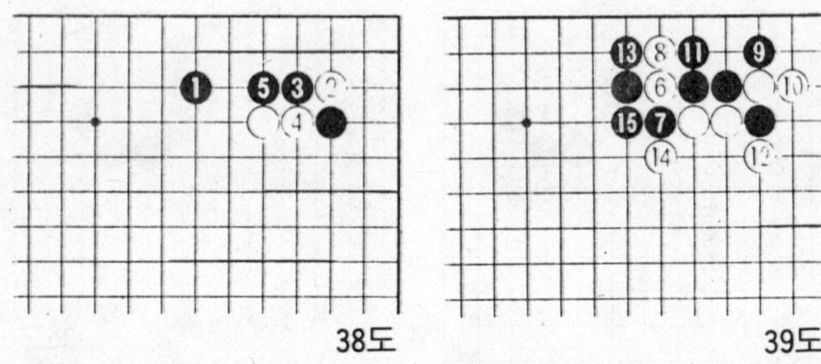

38도　　　　　　　　　　39도

38도 흑 1 의 협공도 있다. 이것은 왼쪽에 두터움을 구축한다. 백 2 의 붙임은 상식적이다. 흑 3 의 붙임 다음 5 까지이다.

39도 백 6 의 끼움이 좋은 수이다. 흑 7 에서 15까지 보통의 정석이다. 흑은 처음의 목적대로 왼쪽에 세력을 구축하였다.

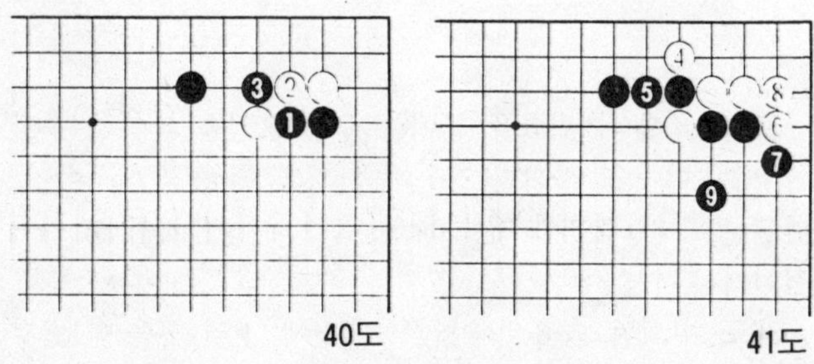

40도　　　　　　　　　　41도

40도 38 도 흑 3 대신에 본도의 흑 1 에서 3 의 끊는 수는 초심자가 골치를 앓는 수이다. 자칫하다간 비참한 결론을 초래한다.

41도 백 4 에서 6 , 8 로 귀를 사는 수단은 흑 9 로 되어 흑의 술수에 떨어진 모양이다.

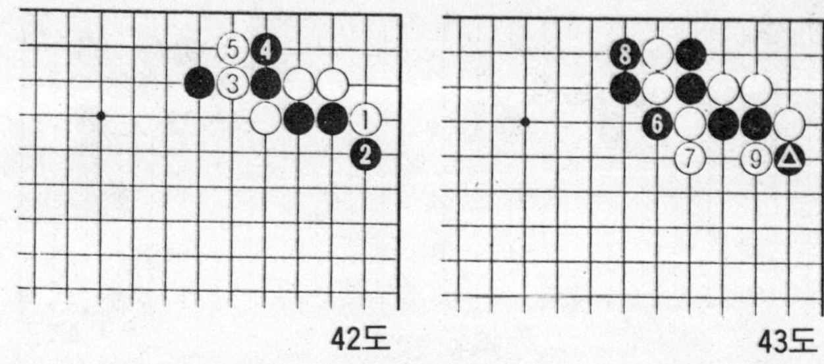
42도 43도

42도 흑의 의도를 분쇄하는 수는 백 1 의 젖힘이 좋은 수이다. 이에 대하여 흑 2 의 막음은 강수이다. 백 3, 5 의 수순이 좋다. 여기에서—

43도 흑 6, 8 로 2 점을 잡으면 백도 9 까지 2 점을 잡는다. 흑 ◭ 를 제압할 수가 있어 유리하다.

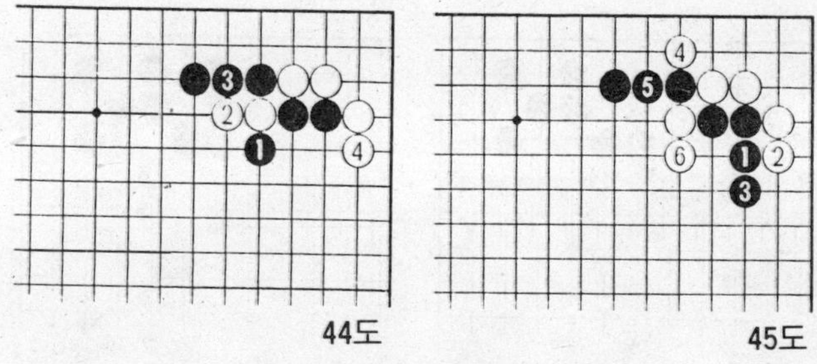
44도 45도

44도 전도의 변화를 피한다면 흑은 1 의 곳으로 움직인다. 백 2 에 흑 3 다음 4 의 뻗음이 냉정하여 불만이 없다.

45도 흑 1 에는 백 2, 4 다음에 6 의 곳을 뻗어서 십분 좋다.

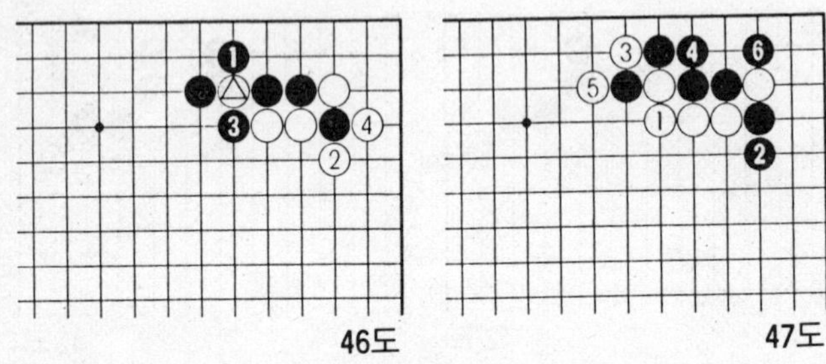

46도 47도

46도 백 ◬의 끼움에 대하여 흑 1 로 아래쪽의 받음은 특수하다. 백 2 의 단수에 흑이 3 의 곳을 때리면 백은 4 의 곳을 잡는다.

47도 전도의 백 2 의 단수를 태만히 하고 1 의 곳을 잇는 것은 문제이다. 흑 2 의 뻗음에서 백 3 이하 6 까지이다. 백이 흑을 해소하려면 한 수가 필요하다.

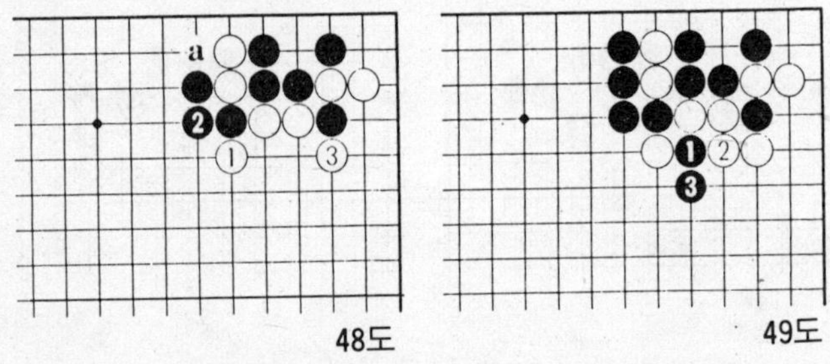

48도 49도

48도 39 도 백12는 본수이다. 이것을 반대로 1 의 곳부터 두는 것은 백 3 까지 된 다음 a의 곳에 한수가 필요하게 된다. 백은 한 수를 손해보게 된다.

49도 39도의 장래의 문제는 흑 1 의 끊음이다. 백 2 에는 3 까지 필연이다.

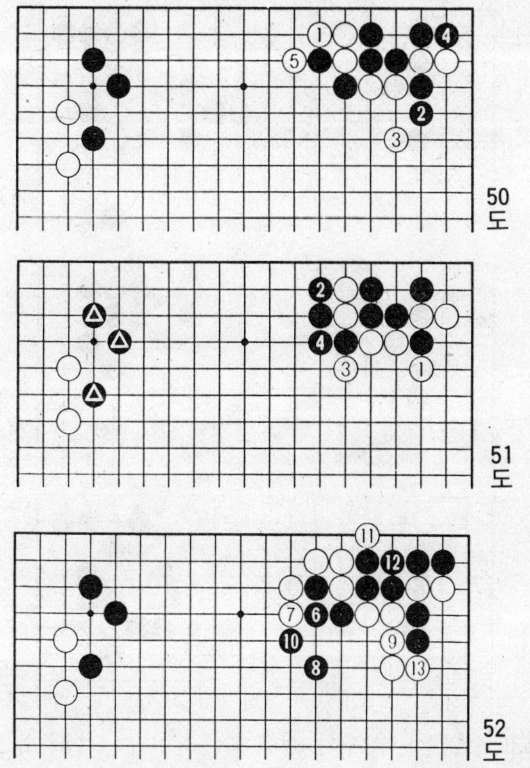

50도 39도의 흑이 좌측을 구축함을 백이 방해하는 것은 백 1 의 저항이다. 이것도 흑 2 이하 5 까지 싸운다.

51도 이런 배석이라면 흑 ▲ 와의 콤비네이션 관계가 아주 이상적이다. 백은 전도의 1 의 저항을 하여야 한다. 자, 전도의 5 다음에 —

52도 흑 6 에는 백 7 다음 13까지 외길의 수순이다.

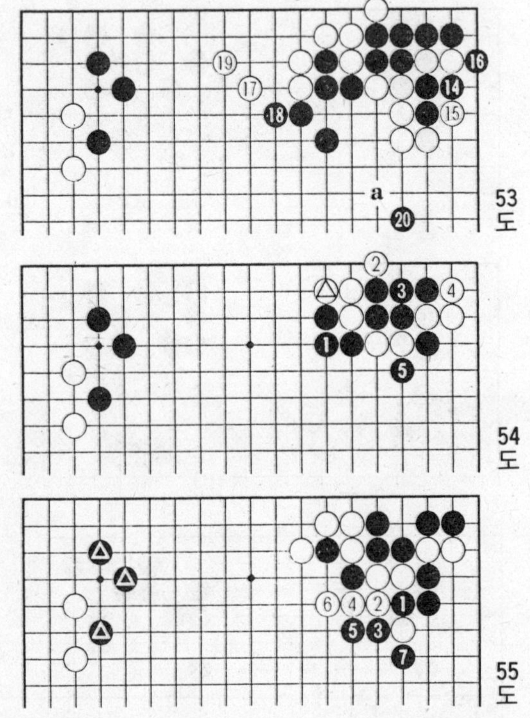

53도 흑14에서 20의 협공까지 최선의 응수이다.

흑20에 백이 a의 곳을 나갈 수 있는 것은 정석의 범위 외이다.

54도 백◎의 꼬부림은 축머리를 염두에 두는 수이다.

여기에서 흑1의 이음에서 5의 곳이 성립을 하여 실패이다.

55도 52도 흑6의 이음으로는 단도직입적으로 1, 3으로 나가 끊음이 알기 쉽다.

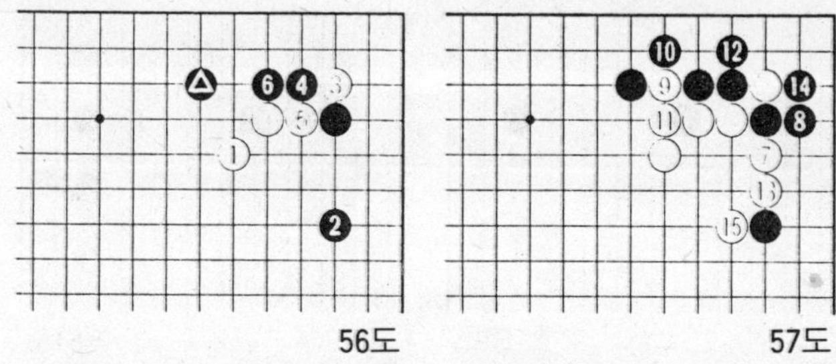
56도 57도

56도 흑▲의 협공에 대하여 백 1 로 두는 수도 있다. 흑 2 도 한 방법이다. 이하 4, 6 으로 응수를 하면—

57도 백은 7 의 단수에서 9, 11이 수순이다. 흑12, 백13까지 모양을 갖춘 뒤 15까지 일단락이다.

전도의 백 1 이하 15까지도 정석이다.

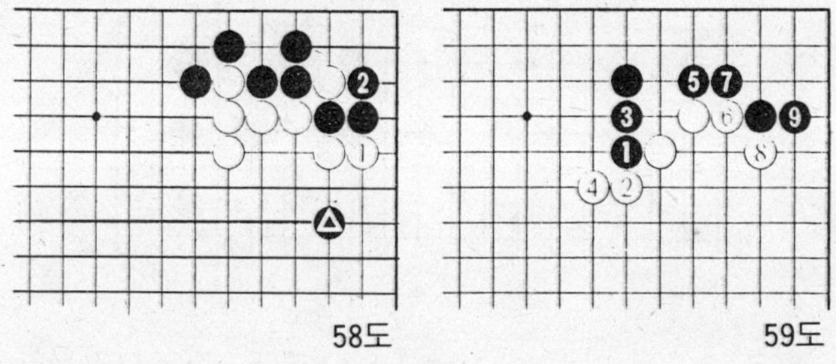
58도 59도

58도 전도의 백13으로 본도의 백 1 은 흑▲가 있어서 작은 곳이다.

59도 56도의 흑 2 에는 본도의 흑 1 도 하나의 방법이다. 백은 2 에서 4 까지 절대이다. 흑이 실리라면 백은 외세로 대항한다.

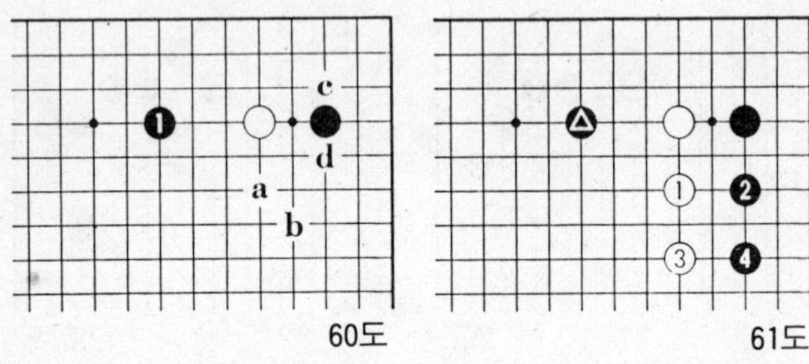

60도　　　　　　61도

60도 같은 협공이라 하더라도 흑 1 은 난해한 변화가 생긴다. 백의 응수는 a 에서 d까지를 생각할 수 있다.

61도 흑▲에 백 1, 3 으로 나가는 것이 알기 쉽다. 흑 2, 4 로 받지 않을 수 없다.

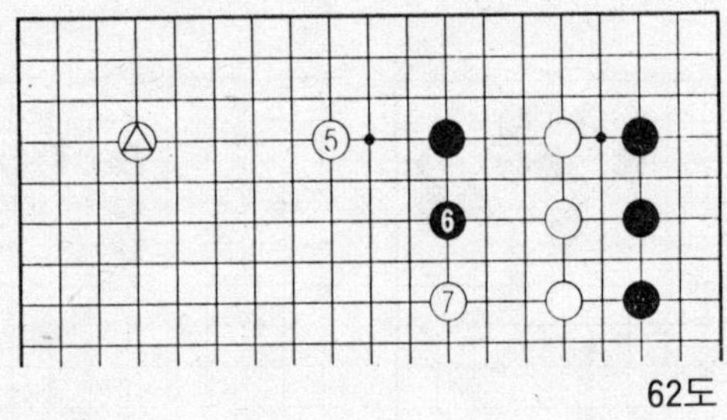

62도

62도 좌측에 백△의 원군이 있다면 5 의 곳 다가섬이 있다.

흑 6 에는 7 의 곳을 씌워 나간다. 전투의 주도권은 당연히 백이 갖는다. 61도의 백 1, 3 이 알기 쉬워 유력하다.

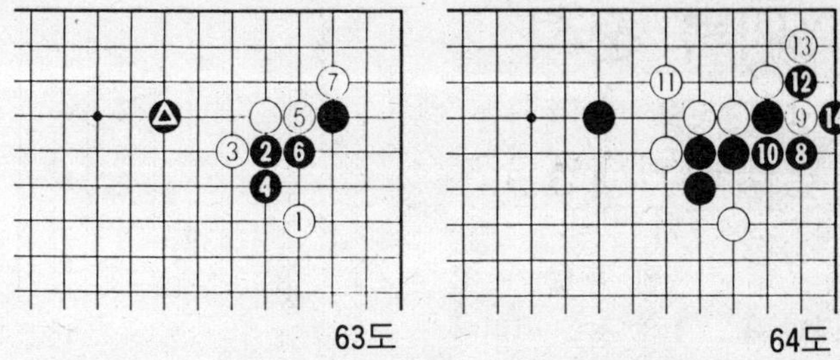

63도 64도

63도 백 1 의 씌움도 흑 ▲ 의 협공에 대한 유력한 응수이다. 흑이 2, 4 이면 백은 5 에서 7 까지이다. 여기에서—

64도 흑은 8 로 벌려 잇는다. 이에 대하여 백은 9 에서 11까지 모양을 갖춘다. 흑12, 14 다음에 백이 손을 빼도 정석은 일단락이다.

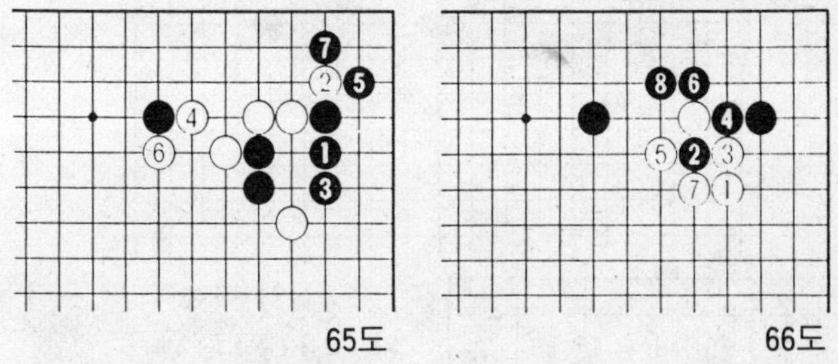

65도 66도

65도 63 도 흑 6 으로는 본도의 흑 1 의 변화함도 있다. 지금의 도에서는 백 6 이면 흑 7 로 두는 수도 있다. 흑의 실리가 크다. 백도 좌측의 두터움이 상당하다.

66도 63 도 백 1 로는 본도의 백 1 도 있다. 흑 2 에서 8 까지 백의 불만의 모양이다.

외목 정석

1도 흑▲의 외목에는 백1의 걸침과 a의 곳 걸침 등 2곳이 있다.

2도 좌측에 흑▲가 있다면 흑은 1의 곳을 벌린다.

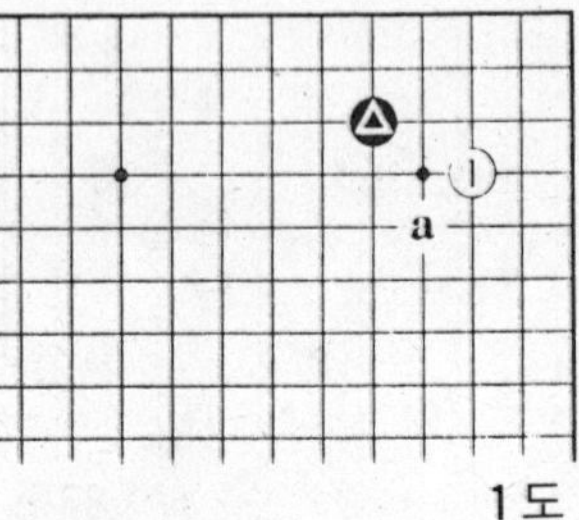

1도

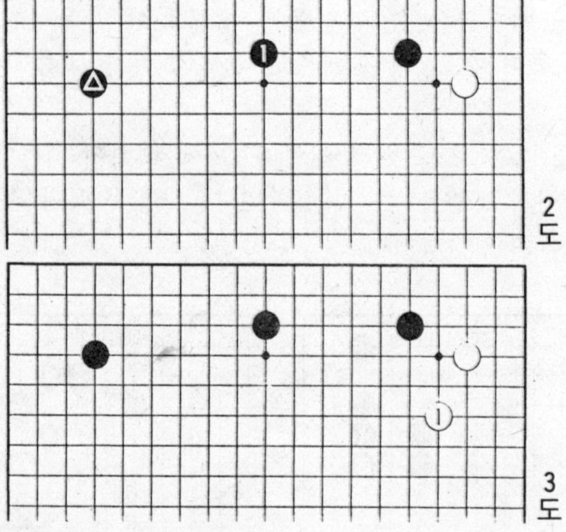
2도

3도

3도 이 다음에 백은 1의 곳을 둔다.

4도 이것은 부분적인수이다. 흑1은 3칸 벌림으로 상식적이다. 백a로는 침입할 수 없다. b의 뜀으로 c와 d가 맞보기이다.

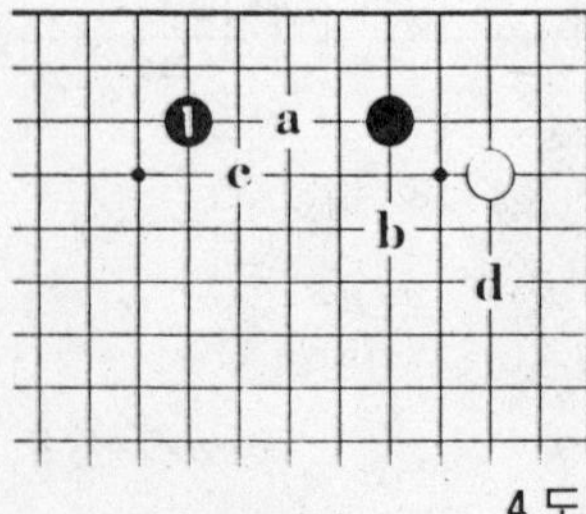

4도

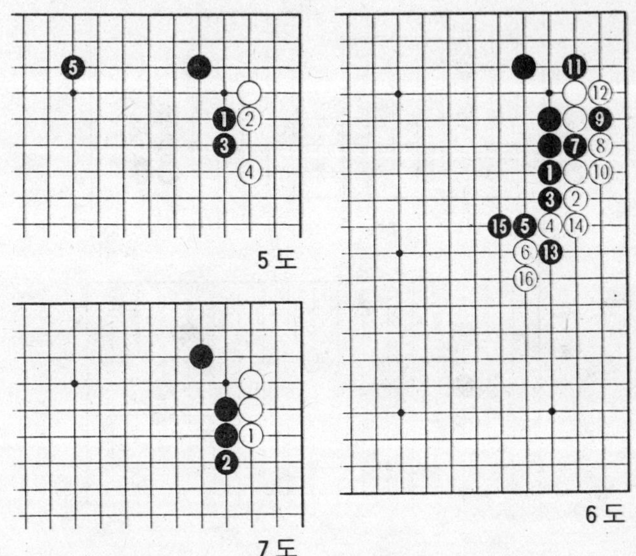

5 도 외목의 모양에서 두터움을 구축하려면, 흑 1 , 3 으로 두면 자연스럽게 두터워진다. 백은 2 에서 4 까지 참을 수밖에 없다. 다음에 흑 5 로 벌리면 흑의 두터움이 아주 좋다.

6 도 흑에서 달리 두터움을 구축하려면, 전도의 흑 5 의 벌림으로는 흑 1 , 3 의 누름이 있다. 백도 4 , 6 으로 저항하는데 흑은 9 에서 11까지 다음에 15의 뻗음이 정형이다. 백의 실리가 대단하지만 흑의 두터움도 상당하다.

7 도 5 도에서 백이 2 , 4 로 참지 않고 본도처럼 둘 수도 있다. 그러나—

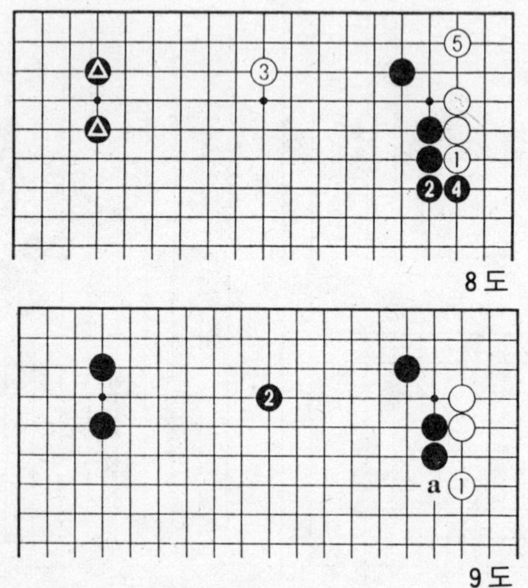

8 도

9 도

8 도 물론 흑▲의 굳힘이 있다면 백 1, 3 은 좋은 수순이다. 흑 4 에는 5 까지 귀에서 산다.

9 도 정석의 백 1 도 생각할 수 있다. 이것은 흑 2 로 대모양의 완성을 허락한다. 당연히 백은 전도의 백 1 로 둔다.

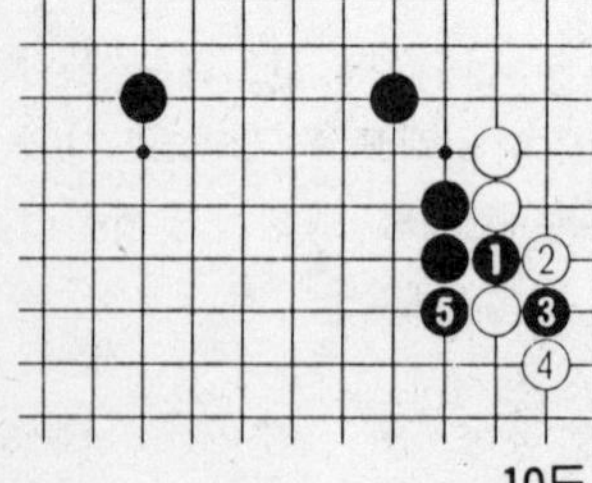

10도

10도 5 도에서 일응 정석은 일단락이 되었는데 흑에서는 1, 3 으로 조이는 수단도 있다. 흑 5 다음에 백은 —

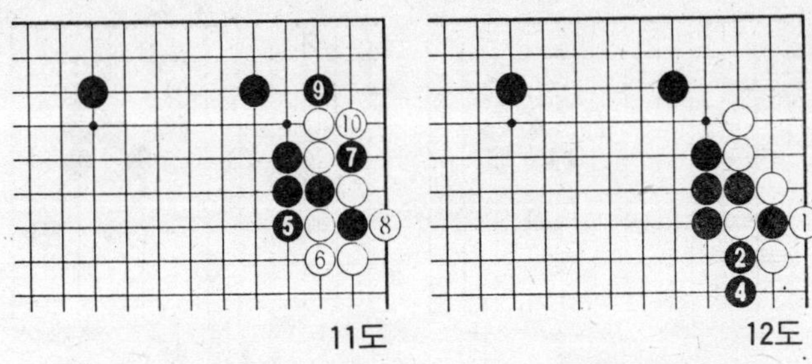
11도 12도

11도 백 6 으로 두지 않을 수 없다. 여기에서 흑 7 에서 9 의 붙임까지이다. 흑은 사석을 이용한다. 흑 7, 9 가 싫다면 6 의 이음으로는—

12도 백 1 로 때리면 흑 2 다음에 백은 저위를 기어갈 수밖에 없다. 흑 4 로 뻗어 백의 열세이다.

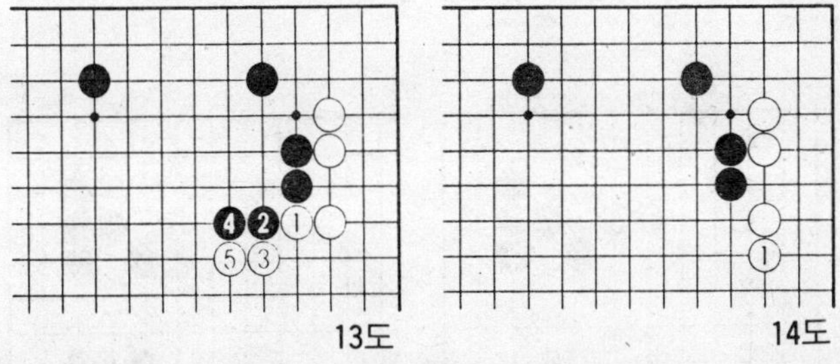
13도 14도

13도 10도 이하의 변화로 반대의 수순을 살펴보기로 하자. 백 1 에는 흑 2, 이 다음에 3 으로 추격을 하여 나간다. 흑 4 에는 백 5 로 모양을 키운다.

14도 전도의 1 의 수로는 본도의 1 로 뻗는 수도 있다. 매우 좋은 수순이다. 반대로 흑이 누르는 수순을 거역한다.

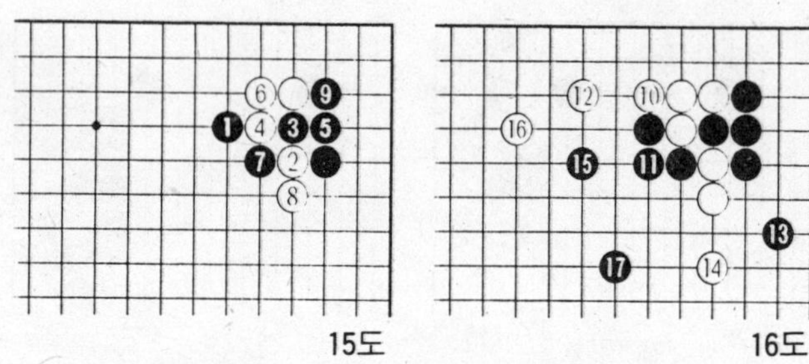

15도　　　　16도

15도 외목정석에서 나타나는 변화이다. 흑 1 은 대사정석이다. 이 변화가 너무나 많아서 대표적인 것만 소개하고자 한다. 백 2 에 받으면 9 까지가 바른 수순이다.

16도 백10에 늘어서 흑17까지 대표적인 정석의 하나이다. 실전에서는 자기의 무덤을 파는 수단이 자주 생긴다. 그래서 11의 이음으로는—

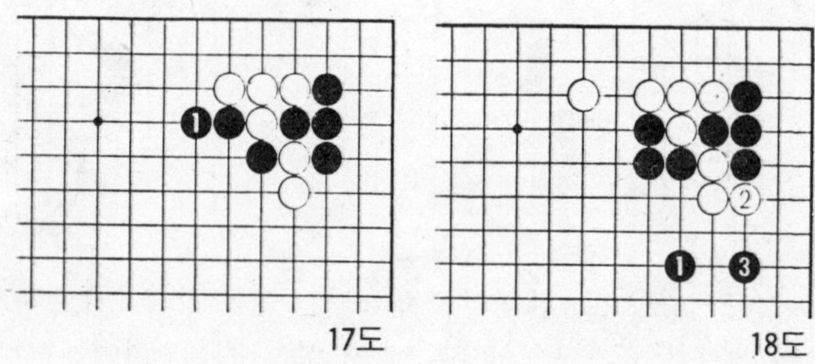

17도　　　　18도

17도 1 의 뻗음도 변화의 하나이다. 이것은 큰 변화가 일어난다.

18도 16도의 흑13으로는 흑 1 로 상단을 나가는 수도 있다. 백 2 에는 흑 3 으로 변화를 한다.

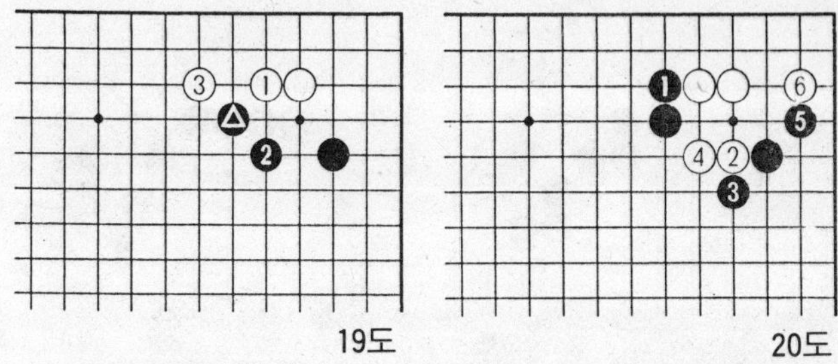

19도 20도

19도 흑△로 씌우면 대사정석을 생각할 수가 있는데, 백 1로 두는 것이 알기 쉽다. 흑 2에 대하여 백은 3으로 나간다.

20도 전도의 흑 2로는 본도의 흑 1로 두는 수도 있다. 백은 2, 4로 머리를 내밀면 흑 5 다음에 백 6까지이다.

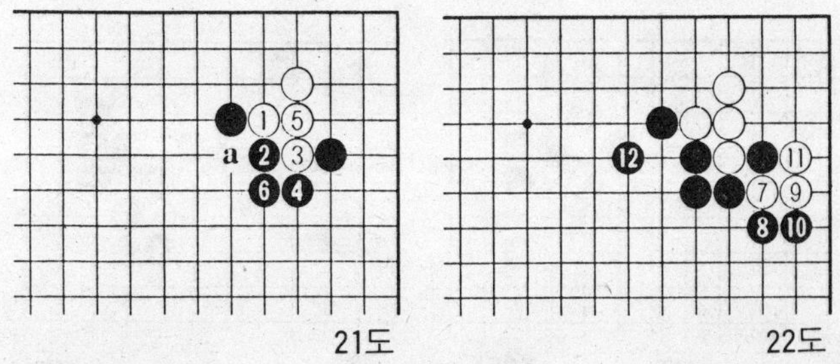

21도 22도

21도 19도 백 1도 대사정석을 피하는 같은 의미이다. 흑은 4에서 6까지 둔다. a의 곳에 두기도 한다.

22도 여기에서도 백은 7로 끊어서 귀를 확보한다. 흑은 10에서 12까지 완벽한 자세이다.

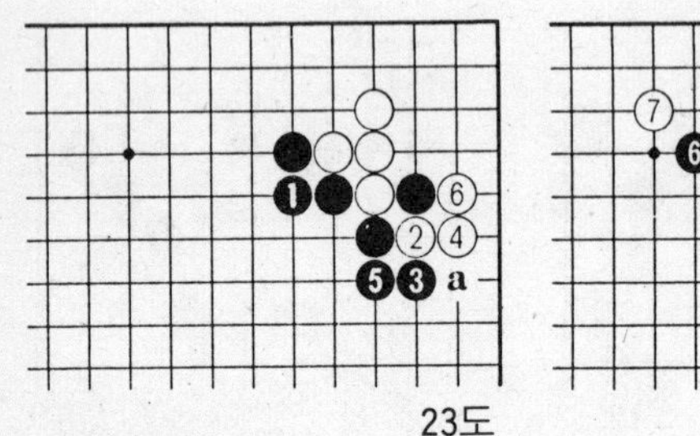

23도

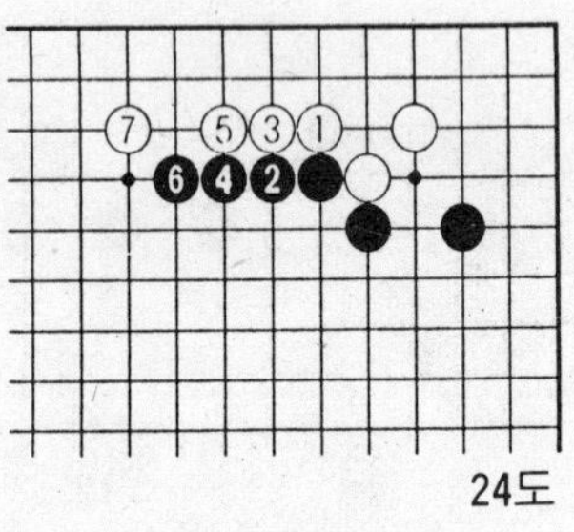

24도

23도 흑 1에 두는 수도 있다. 백 2의 끊음에서 흑은 3에서 6까지이다. a의 곳이 비어 있어 일장일단이 있는 곳이다.

24도 21도 백 3으로는 백 1로 두어 변화하는 수도 있다. 흑은 2의 곳을 뻗지 않을 수 없다. 백 3이하 7까지 이것도 정석이다.

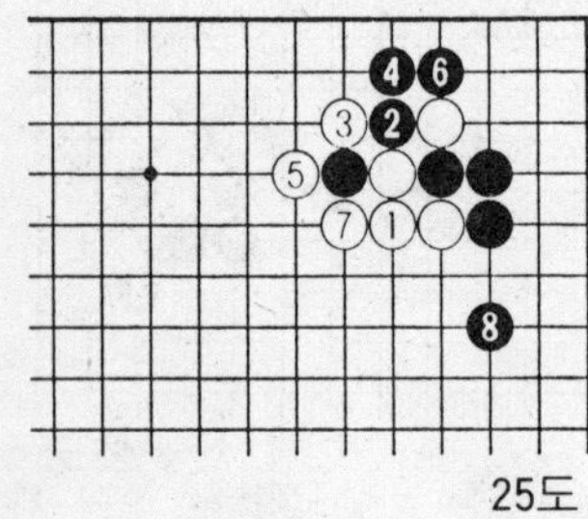

25도

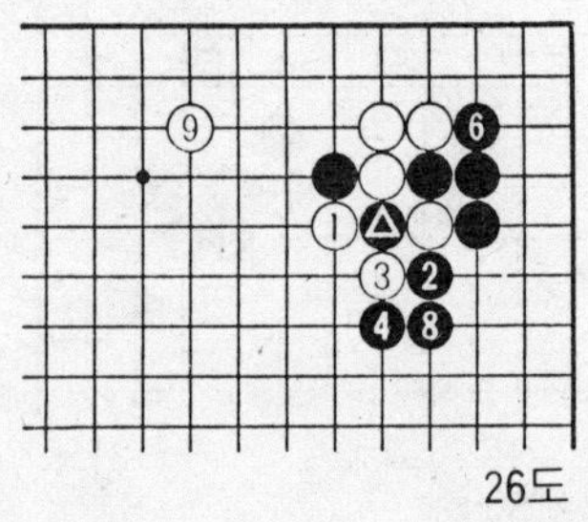

26도

25도 15도 백 2로 두면 알기 쉽다. 15도 백 6으로는 본도의 백 1로 위쪽을 두는 수도 있다. 백 7로 1점을 따내면 집으로서는 손해이지만 두터움이 있다.

26도 흑 ▲의 끊음에 백 1, 3의 변화도 있다. 8까지 집은 손해이나 백은 9로 전개한다.

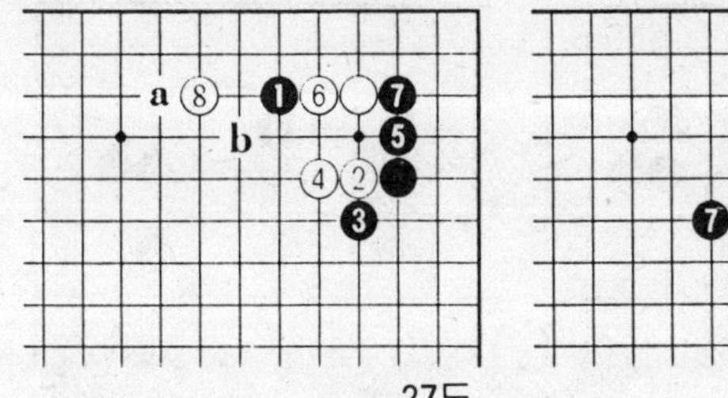

27도

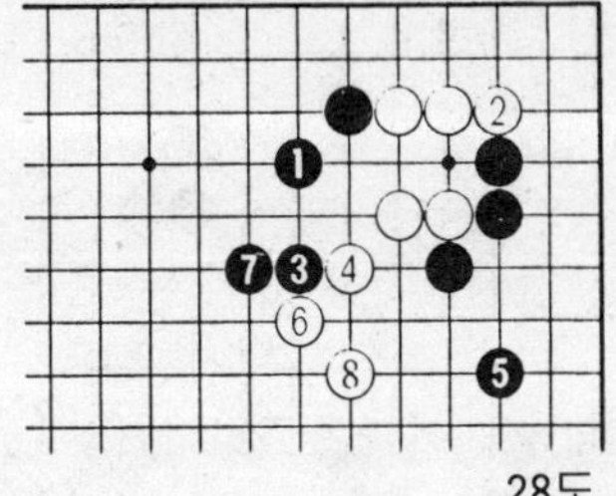

28도

27도 흑 1 도 정석이다. 백 2 의 붙임이 견실한 방법이다. 6 까지 변화를 한다. 흑 7 에는. 백 8 로 지켜 일단락이다. 백 8 로 a는 흑b로 움직일 여유가 있다.

28도 전도 흑 7 로는 흑 1 의 마늘모도 유력하다. 백 2 에는 3 이하 최선의 응수이다. 이것은 8 까지이다.

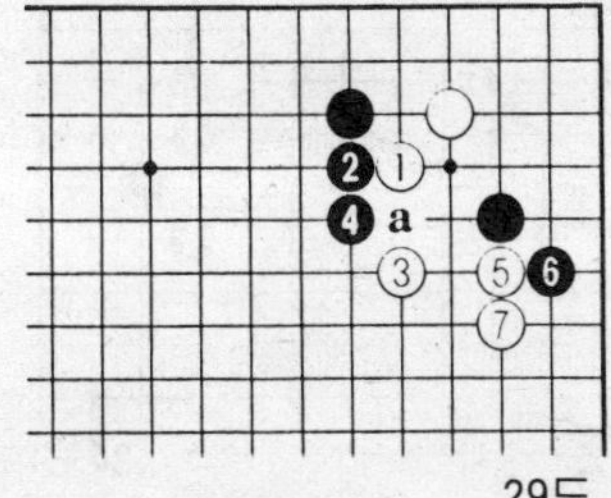

29도

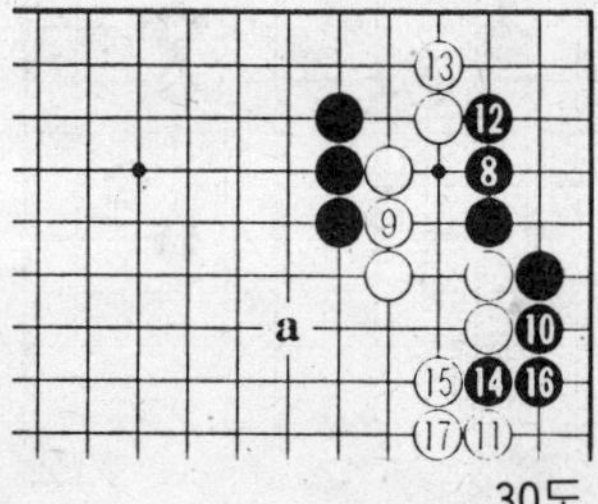

30도

29도 27도 백 2 로는 본도 백 1 의 마늘모이다. 흑 2 에서 4 의 뻗음까지이다. 백 5 로는 a의 곳에 두는 수도 있다. 여기에서—

30도 흑 8 에서 17까지이다. 이 다음에는 서로 간에 a 의 곳이 급하다.

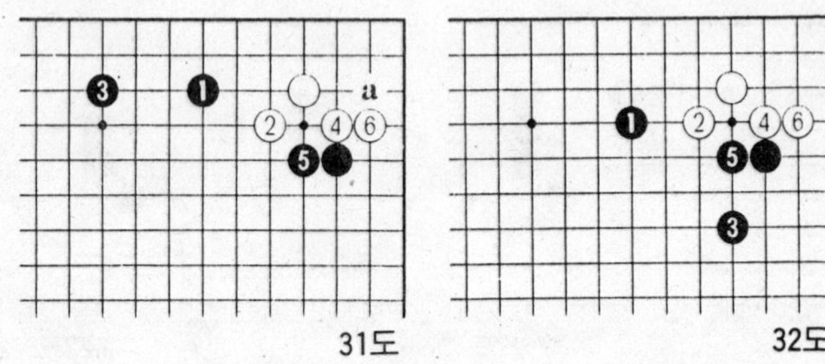

31도　　　　　　　　32도

31도 흑 1에는 백 2의 마늘모이다. 다음에 흑 3으로 전개를 한다. 이에 대하여 백은 4, 6으로 귀에 근거를 만든다.

32도 흑 1은 가벼운 협공이다. 백은 2에서 4, 6까지이다. 흑은 이 다음에 우변을 전개한다.

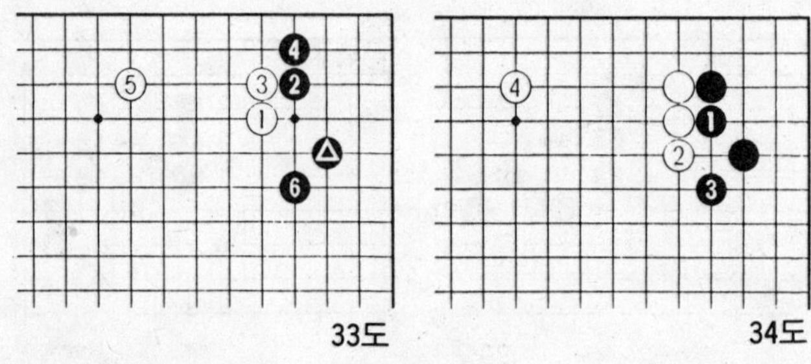

33도　　　　　　　　34도

33도 흑△의 외목에 대하여 백 1의 높은 걸침이다. 흑은 2, 4로 확실하게 집을 만든다. 백 5에 벌리면 6의 지킴이 본수이다.

34도 흑이 선수를 잡고자 한다면 흑 1에서 3까지 둔다. 백은 4의 곳을 벌리는 것이 절대이다. 이때 흑은 다른 곳으로 전환한다.

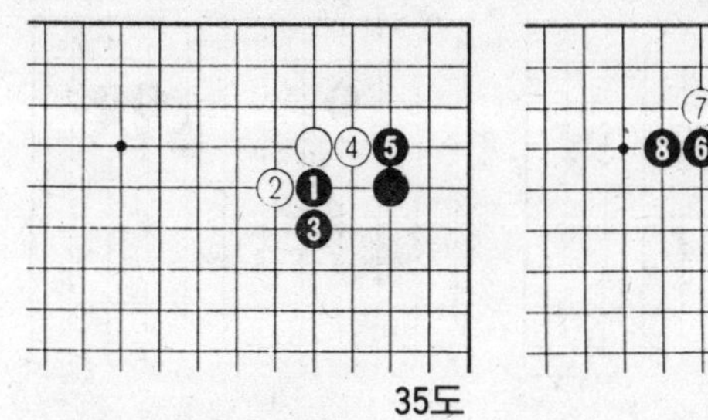

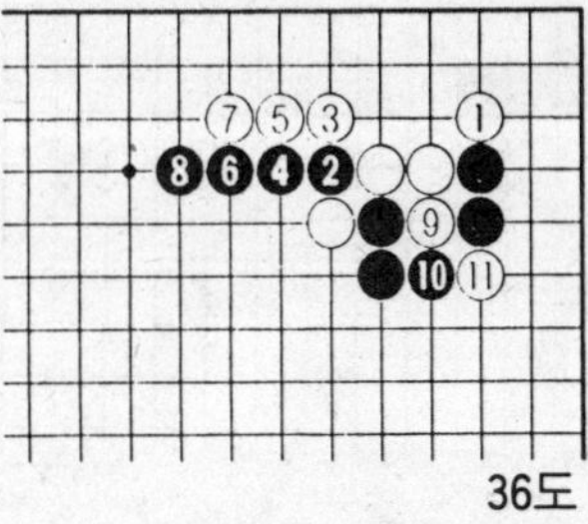

35도 33도 흑 2로 귀를 지키는 수도 견실하다. 본도 흑 1, 3도 있다. 이렇게 뻗는 정석도 있다. 이것은 대형정석이다. 흑 5까지이다.

36도 백에서는 다음 1의 곳 젖힘이다. 흑 2는 기세의 끊음이다. 백 3 이하 9, 11의 나가끊음이다. 이것은 난해한 정석이다.

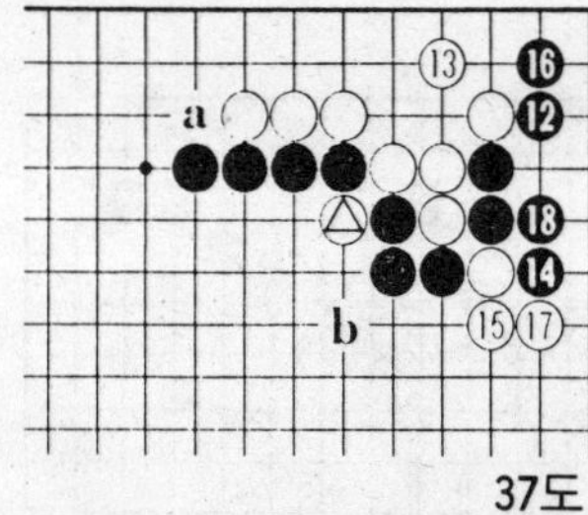

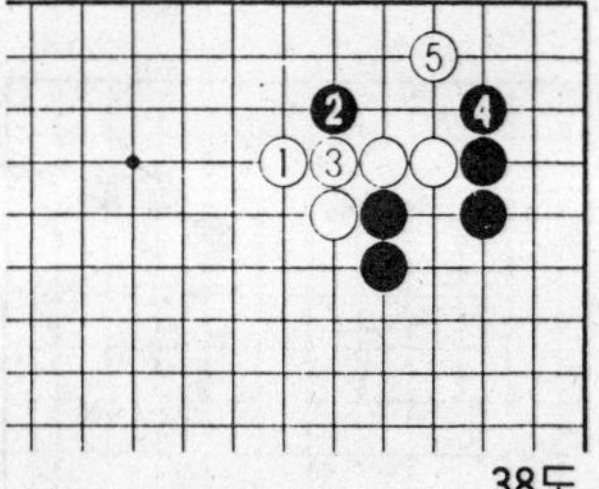

37도 흑은 12이하 16까지 귀에서 산다. a 의 곳 꼬부림과 b 의 곳을 두는 것이 큰 수이다. 18로는 b 의 곳을 두는 수도 있다.

38도 여기에서도 다소 손해이기는 하지만 1의 곳을 두는 수도 있다. 36도 1의 젖힘으로 본도의 1에서 5까지 두는 수가 무사하다.

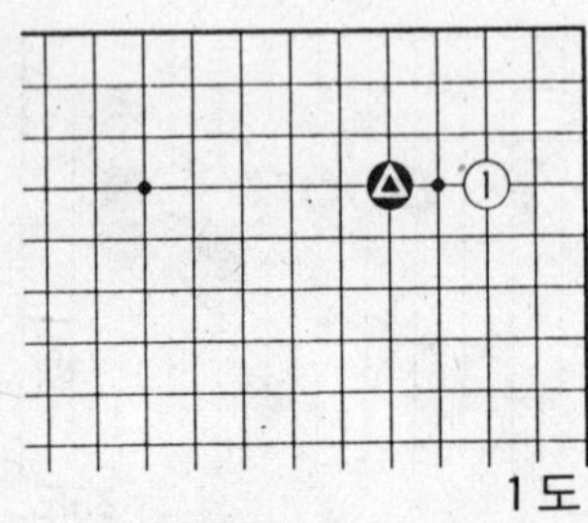

1 도

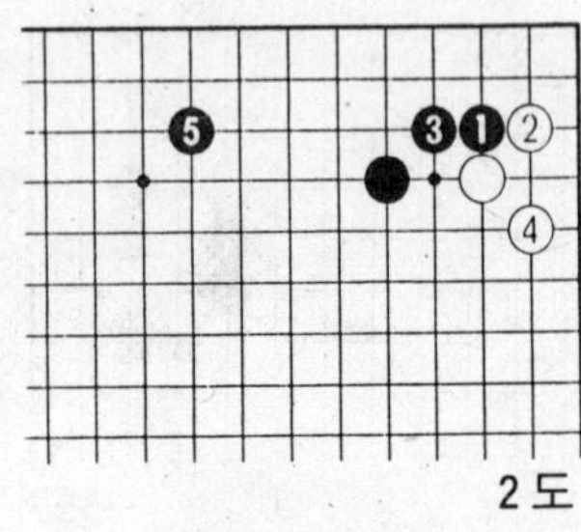

2 도

고목의 정석

1도 흑 ▲의 고목이다. 이것은 집보다는 두터운 세력을 활용하고자 하는 수이다.

2도 여기에서의 정석은 흑 1로 아래쪽 붙임이다. 백 2의 젖힘, 3의 곳 뻗음, 백 4의 벌려이음은 절대이다. 흑은 5의 곳까지 3칸 벌린다.

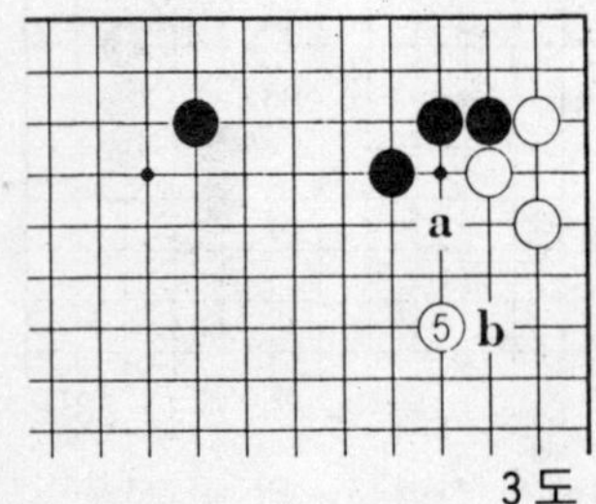

3 도

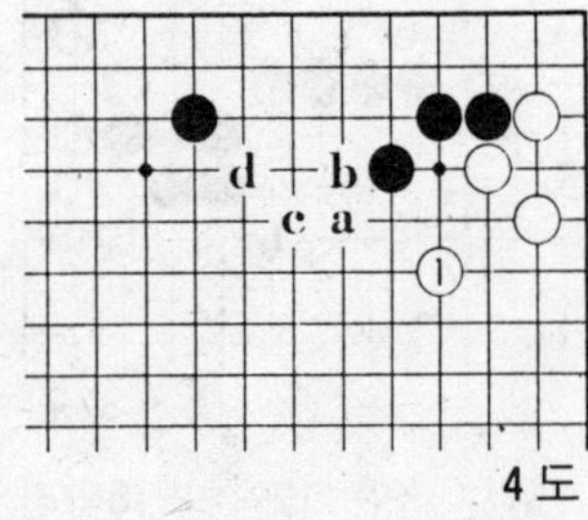

4 도

3도 백이 손을 빼는 것도 가능하다. 이곳을 받는다면 백 5이다. 장래 흑a 이면 b의 곳 받음이 예상된다.

4도 백 1의 날일자 받음도 있다. 이것은 좁은 수이지만, 반대로 장래에 백 a, 흑 b, 백 c, 흑 d로 진행할 수가 있다.

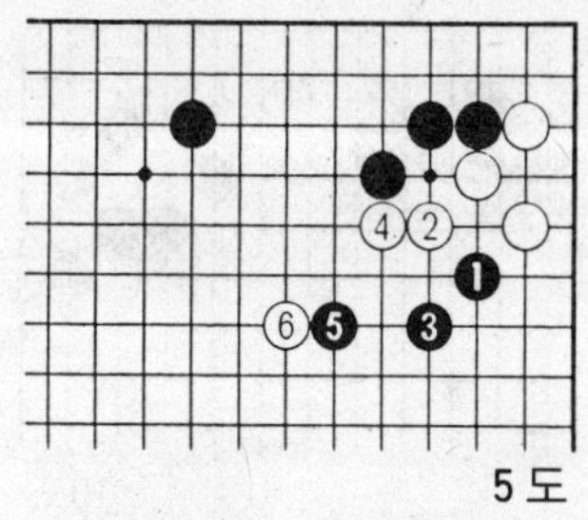

5 도

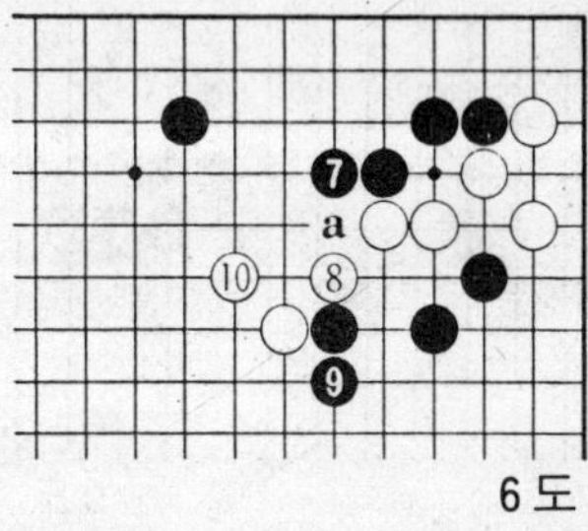

6 도

5 도 2도의 상태에서 백이 손을 뺀다면 흑 1의 공격이다. 백 2의 마늘모에는 흑 3, 5까지이다. 이때 백 6의 붙임이 좋은 수이다.

6 도 흑 7로 뻗지 않을 수 없다. 8에서 10까지이다. 정석의 일단락이다. 또한 흑 7로 a 는 8로 그만이다.

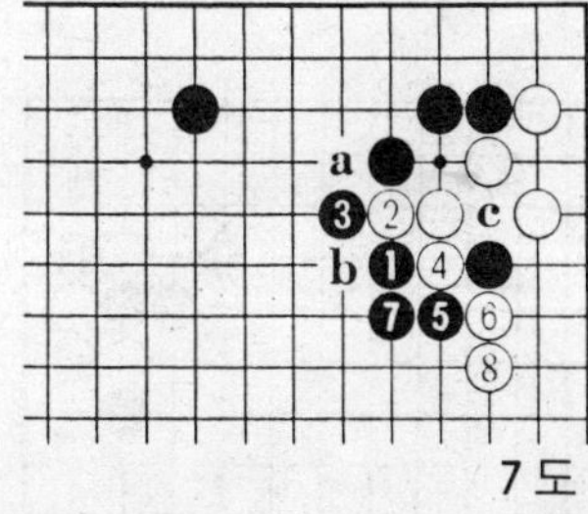

7 도

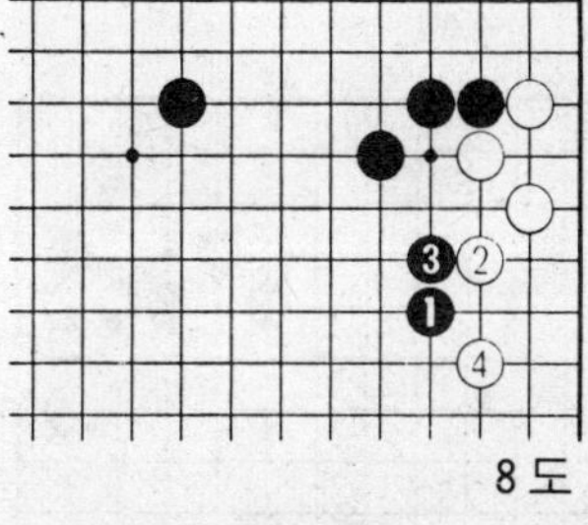

8 도

7 도 5도의 흑 3의 마늘모는 본 수이다. 여기에서 본도 흑 1로 두는 수는 속임수이다. 백은 2, 4에서 6의 끊음까지 좋은 수이다. 흑은 a , b 의 2곳에 단점이 있다. 백 6으로 7의 곳 끊음은 c 의 곳을 치받음으로 백이 망한다.

8 도 흑 1의 씌움은 모양을 확장하는 수이다. 백 4까지이다.

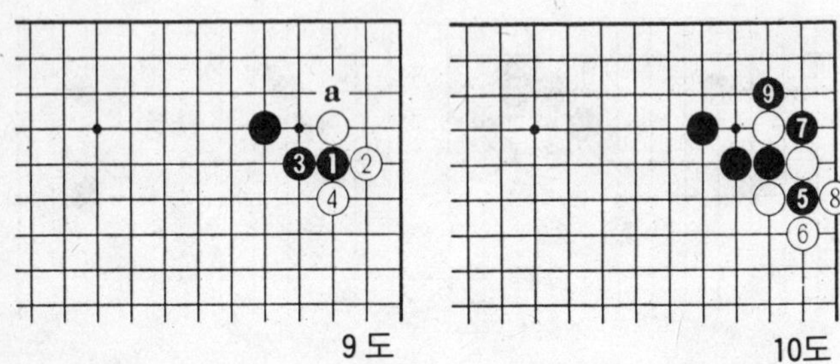

9도 흑 1의 바깥쪽 붙임으로는 a 의 곳의 아래쪽 붙임도 있다. 백 2의 젖힘은 절대이다. 흑 3의 뻗음에 백 4는 상식적인 수이다. 이것은 축과 관계가 있다.

10도 흑이 실리를 갖는다면 흑 5의 끊음이다. 백은 끊는 쪽을 잡는다. 흑은 9까지 집을 확보한다.

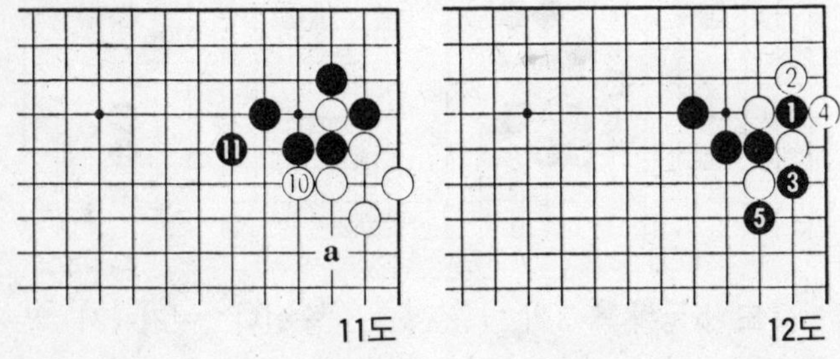

11도 전도의 다음 백은 10의 곳을 누른다. 흑이 11로 받으면 일단락이다. 백10을 두지 않으면 흑a 의 공격이 있다.

12도 흑이 축이 유리하다면 1, 3, 5의 끊음이다. 3, 5는 1의 끊음에 대한 목적 달성이다.

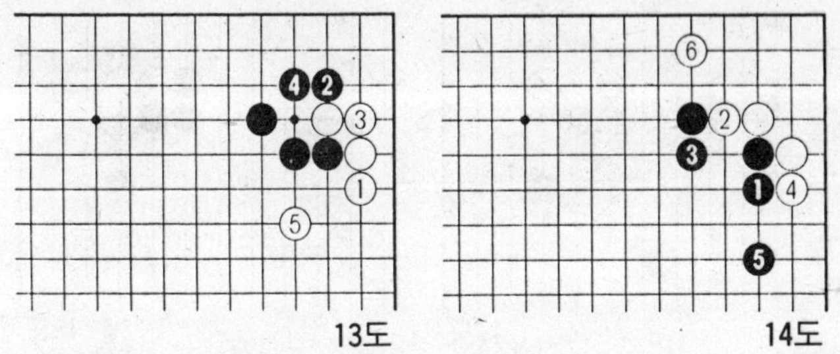

13도 9도 백 4의 젖힘에는 백 1의 뻗는 수이다. 흑에게 끊음을 허락하지 않는다.

흑은 2의 곳 붙임에서 4의 늘음까지이다. 다음, 백도 5의 곳의 달림까지를 생각할 수 있다.

14도 9도의 흑 3으로는 본도의 흑 1의 느는 수가 있다. 백 2에서 4까지 이 다음에 6의 곳 날일자의 달림까지다.

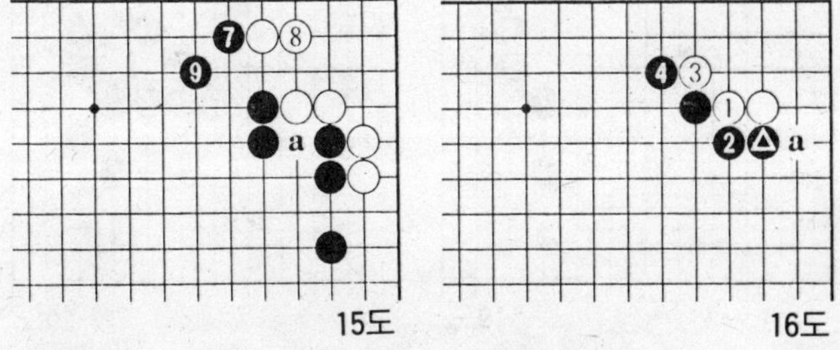

15도 흑은 단지 7의 차단이다. 백 8에는 9의 마늘모까지 일단락이다.

백은 a 의 곳을 나가끊는 수가 남는다.

16도 최초에 흑 ▲의 붙임에서 많은 사람이 백 1의 치받음으로 둔다. 백 3에는 흑 4의 2단젖힘이다.

백 1은 a 가 본수이다.

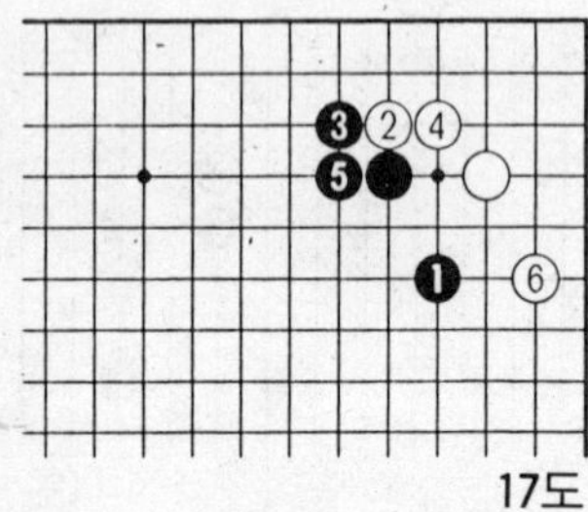
17도

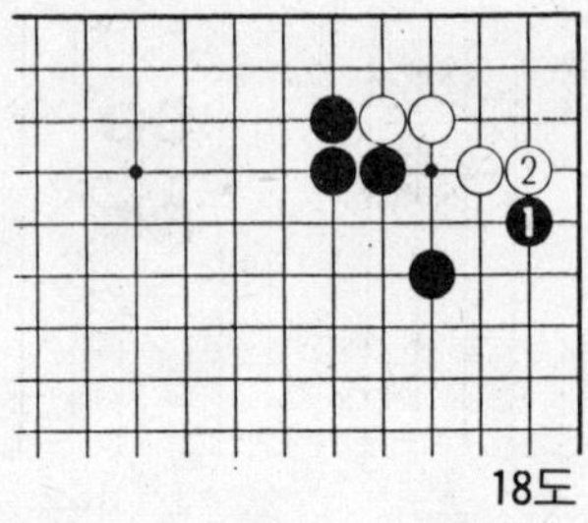
18도

17도 고목에서는 흑 1의 씌움도 있다. 흑은 두터움을 얻는다. 백의 응수는 2, 4에서 흑3, 5로 이으면 6까지 일단락이다. 흑은 두터움을 얻는다.

18도 전도 백 6의 달림은 큰 수이다. 반대로 흑 1의 날일자와의 차이는 너무나 크다. 백은 2의 곳에 두지 않을 수 없다.

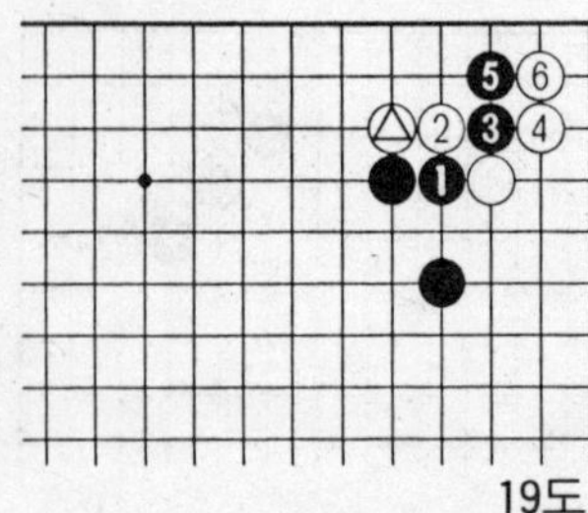
19도

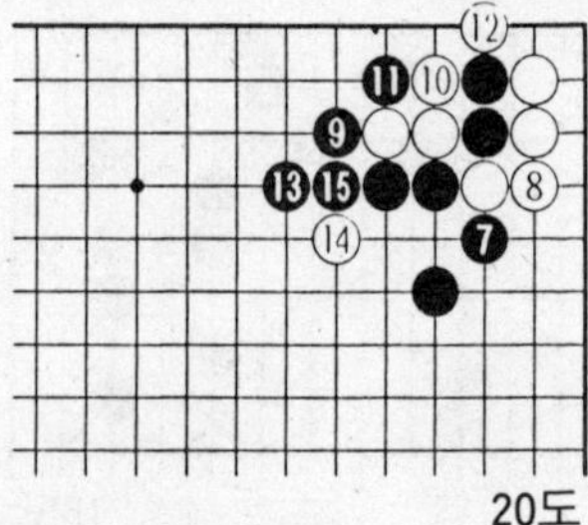
20도

19도 백 △의 붙임에 흑 1로 두는 수이다. 흑 3의 끊음도 정석이다. 이 수는 모양을 키우는데 특징이 있다.

백의 4, 6 다음에——

20도 흑 7의 단수에서 9의 누름까지이다. 흑15까지 흑은 후수로 강력한 두터움이 완성된다. 19도의 흑 1, 3은 본도의 모양을 유도한다.

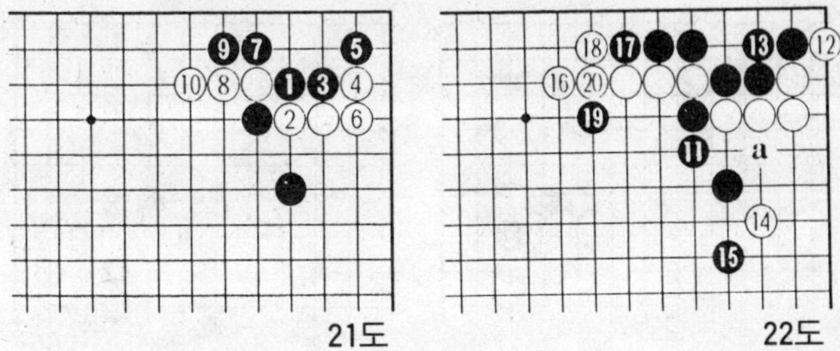

21도　　22도

21도 흑이 난해한 정석을 선택하는 것은 1의 곳의 젖힘이다. 백 2의 끊음에서 10의 뻗음까지이다. 한수 한수가 전투의 모양이다.

22도 흑11에서 백은 14의 뜀까지이다. 백16으로 상변에 두는 것이 큰 수이다. 14로 먼저 16의 곳에 두면 흑은 a로 백을 잡는다.

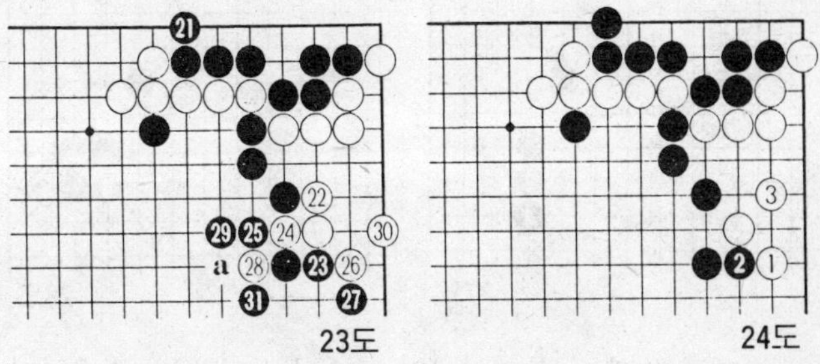

23도　　24도

23도 흑21의 삶은 절대이다. 백22로 절충이다. 흑29에서 31로 1점을 축으로 잡아 일단락이다. 흑a로 때리면 두터움이 상당하여 위력이 있다.

24도 또한 전도의 22로는 1의 곳에 두면 흑 2, 다음에 3까지 모양을 확정짓는다.

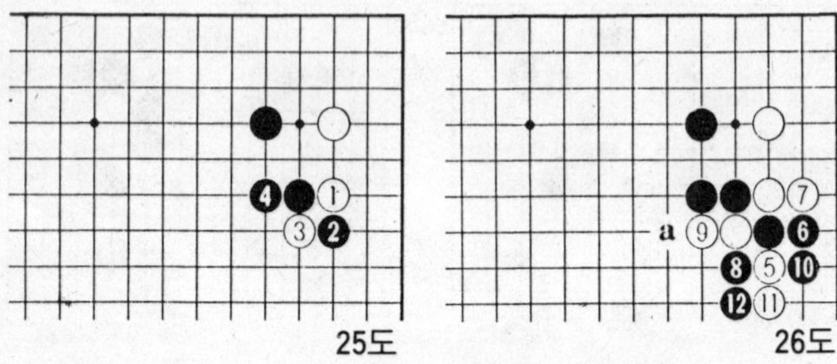

25도　　　　26도

25도 백 1로 두는 정석이다. 흑 2의 막음에는 축이 관계되는 수. 백 3의 끊음에는 흑 4로 뻗는다.

26도 백 5의 단수에 흑이 6으로 두면 백 7 다음에 흑 8의 끊음에서 10, 12까지이다.

이 다음에 흑은 a 의 축과 5, 11의 2점을 축으로 잡음이 있다.

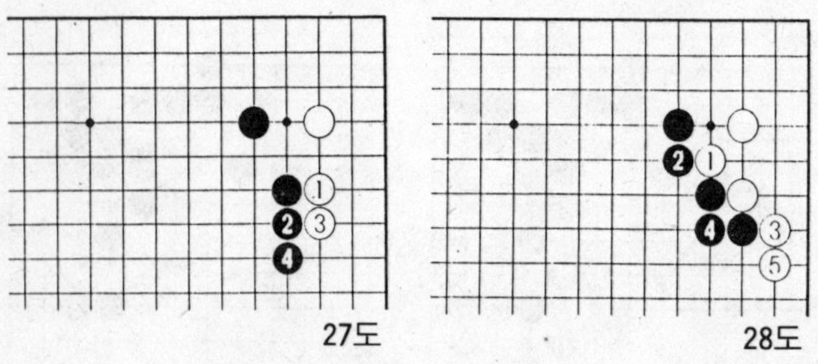

27도　　　　28도

27도 흑이 축이 불리하다면 백 1의 붙임에는 흑 2, 다음 백 3, 흑 4이다.

이 정석은 쌍방에 축관계가 있다. 백 1을 선택하는 데에는 주의를 요한다.

28도 21도의 대형정석을 피한다면 다음의 백 1이 유력하다. 흑 2에는 백 3의 젖힘에서 5의 뻗음까지 좋다.

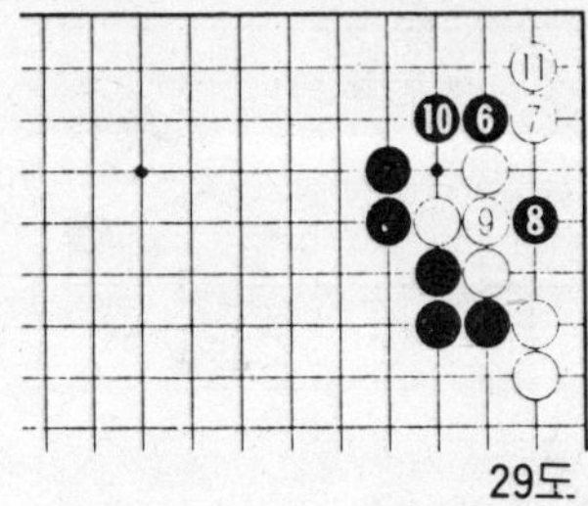
29도

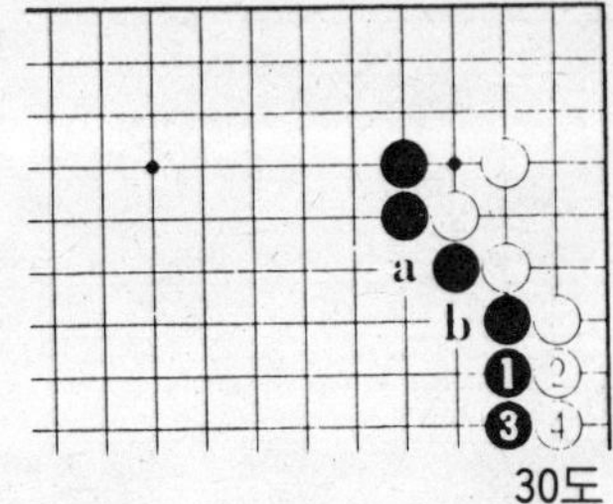

30도

29도 전도에서 흑은 6에서 10까지 모양을 정비한다. 11의 끄는 수에서 흑은 상변에 둔다.

30도 28도 흑 4의 이음은 본수이다. 이것을 본도의 흑 1로 뻗는 것은 a의 끊음에서 약점이 남는다.

흑 1로는 b의 곳을 이어두는 것이 후환을 없애는 득책(得策)이다.

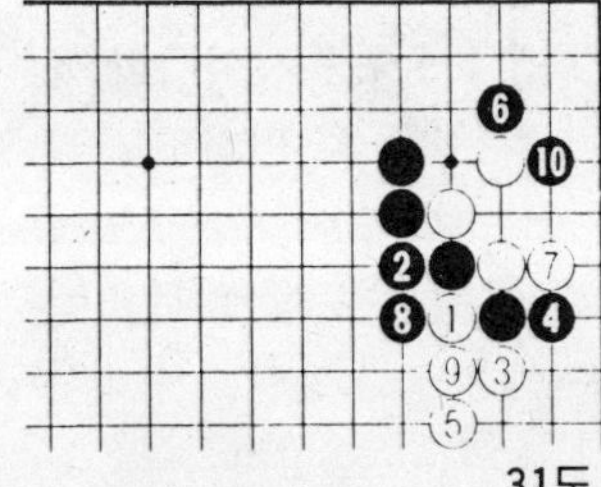
31도

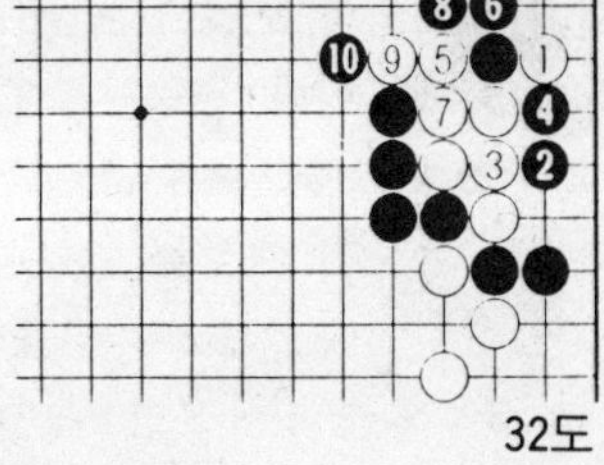
32도

31도 28도 백 3의 단순한 젖힘도 맥이다. 여기에서 백 1의 끊음에서 3으로 1점을 잡지 않을 수 없다. 흑 4에는 백 5이다. 흑은 6에서 10까지 귀를 확보한다.

32도 백 1로 끊는 수는 어떨까? 그러면 흑 2의 들여다보는 수에서 4의 끊는 수가 있어 10까지 백의 대마가 잡힌다.

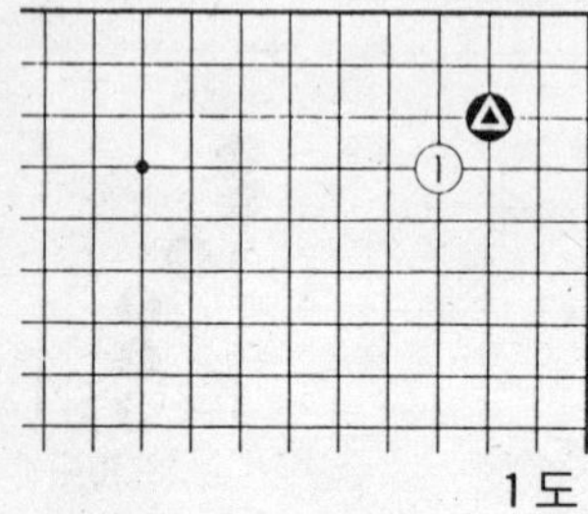

1도

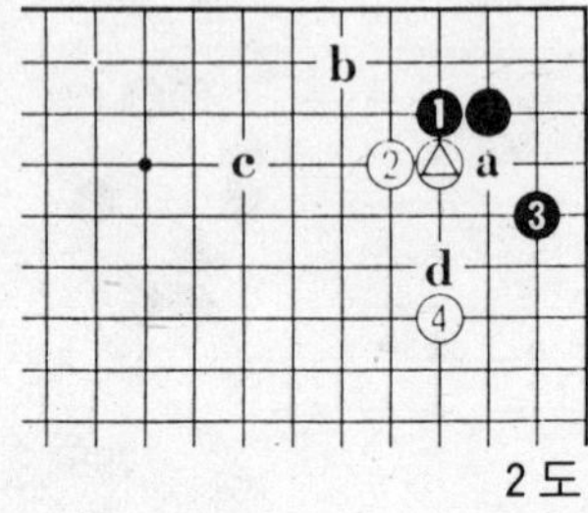

2도

3·3의 정석

1도 여기에서 3·3의 모양을 살펴보자. 흑 ▲의 착수이다. 이 수는 집을 염두에 두는 수이다. 위치가 너무 낮다는 약점이 있다.

2도 백 △로 누른다면 흑은 1이나 또는 a 이다. 이 한 수이다. 손을 뺀다면 반대로 a 의 곳을 누른다. 흑 3의 날일자가 보통의 모양이다. 이것은 백 4까지가 정석이다. 흑 b 이면 백 c 이다. 또한 흑 3으로 a, 백 b 의 변화도 생각할 수 있다.

3도 본도의 배석을 보자. 백 △가 있는 모양에서는 백 1의 걸침이다. 흑 2의 받음에는 백 3으로 상변을 전개한다. 3으로는 전국적인 모양에서 a 의 곳도 있다.

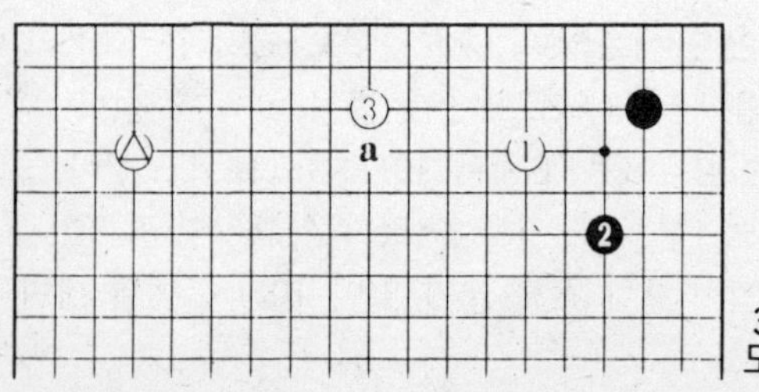

3도

제4장

기본적 포석형

포석의 유형

앞 장에서는 포석에서의 부분적인 방법을 기술하였다. 이것을 기초로 하여 전국적인 입장의 포석 방법을 이해하는 것이 본 장이다.

부분적으로는 최선의 수이나 전체로서는 적확(的確) 한 모양이다.

제 1착은 화점이다. 세력을 중심으로 하여 두는 수이다. 백 2는 실리를 주체로 하여 대항하는 것이 생각의 한 방법이다.

실전례에서 '병행형', '수책류'등의 계통적인 분류이다.

실전의 예를 생각하여 보자.

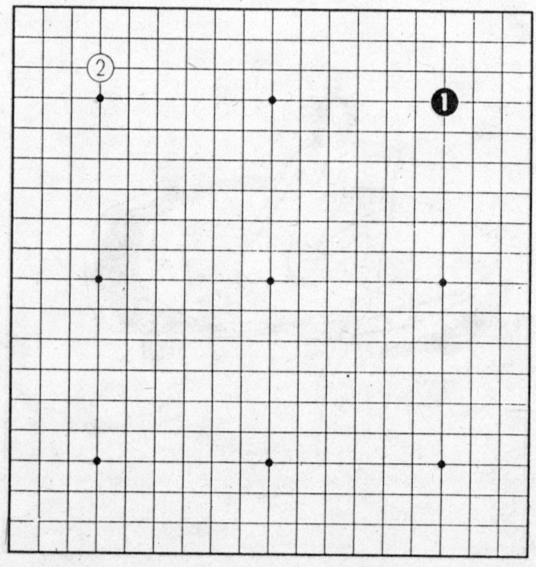

〔1〕 병행형 (並行型)

현대의 바둑에서 많이 두는 수이다. 이것이 병행형이다.

흑이 1, 3으로 우상귀, 우하변을 선점하면 백은 2, 4로 좌상하귀를 확보한다. 서로 2곳을 둔다. 이것이 병행형이다.

흑은 5로 우상귀를 굳힌다. 백에서 우하귀를 걸쳐서 전투의 주도권을 잡는다.

수순중 흑5로는 a 의 곳의 한칸 굳힘도 있다. 백6으로는 b 의 곳에 걸치는 수순도 성립을 한다.

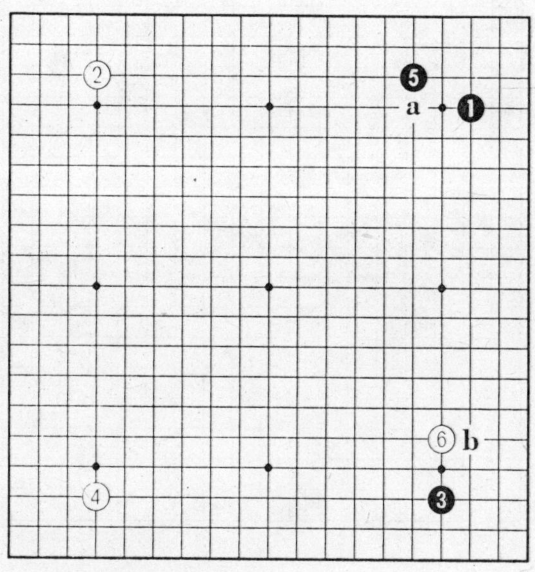

〔2〕 수책류(秀策流)

흑의 1, 3에 백이 좌하귀를 점거하지 않고 둔다면 백 4이다. 복잡한 바둑을 유도하는 작전이다. 여기에 대하여 흑이 5로 귀를 둔다. 이 다음에 백a, b가 기본적인 수책류이다.

19세기 중반 기성 수책이 창안하였다. 이것이 수책류이다. 이 포석의 특징은 1, 3, 5가 소목이라는 점이다.

물론 여기에서는 소목의 위치가 변화한다는 점이다.

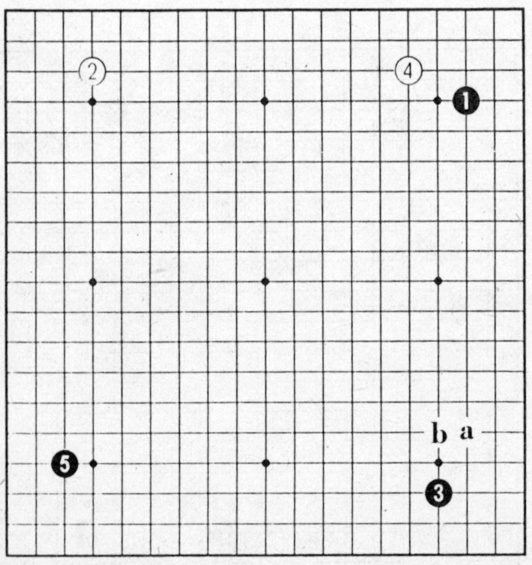

〔3〕 2연성 (二連星)

흑의 1, 3이 2연성이다. 우상귀, 우하귀도 화점에 대한 착점이다.

화점은 귀를 한 수로 지킬 수가 없다. 소목에 반하는 성질을 가지고 있다. 또한 제 4선의 위치는 세력을 중시하고 있다.

2연성은 이 화점의 2곳이 생각나는 곳이나 발이 빨라서 포석의 세력을 성(盛)하게 하여 포석이 이상적이다. 백 4에 흑 5의 걸침, 백도 세력에 대항하는 실리의 전법이다.

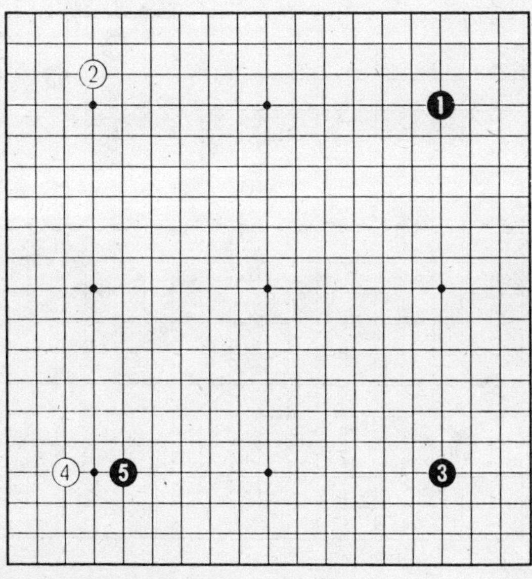

〔4〕 대각선 모형

1, 3의 모양은 대각선이다. 옛날에서부터 지금까지 많이 두는 수법의 수이다. 어느 한쪽에 편재를 하지 않고 전체적인 조화를 갖는 수법이다.

흑 5로 한쪽을 굳히는 것도 많다. 백도 6으로 걸쳐간다. 이 수로는 a 의 곳에 두는 수도 있다.

덤이 있는 바둑에서는 현대에서 많이 두는 수법들이다.

물론 이것은 작전에 이용되는 백의 수법이다.

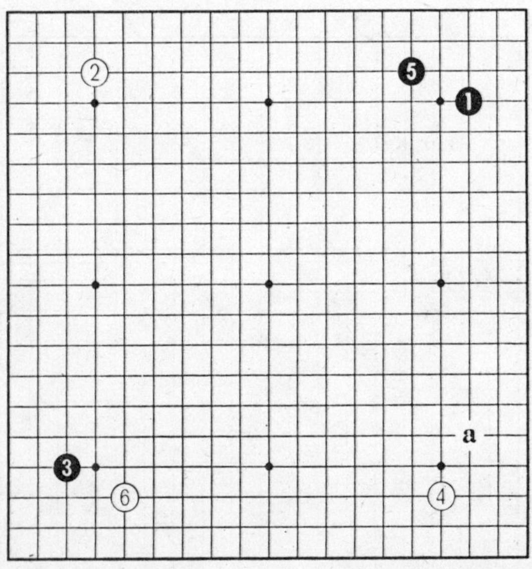

〔5〕대각선 화점

대각선의 모양은 2연성으로도 많이 둔다.

대각선의 흑 **1**, **3**도 화점에서 많이 두는 수법이다. 세력에 중점을 두는 특징이 있다. 발이 빨라서 돌의 움직임에 적극적이다.

백은 **2**, **4**로 소목에 대항한다. 화점의 세력에 대하여는 실리주의라면 3·3이다. 외목이나 고목도 있는 곳이다.

흑 **5**의 걸침에 백은 **6**으로 굳힌다.

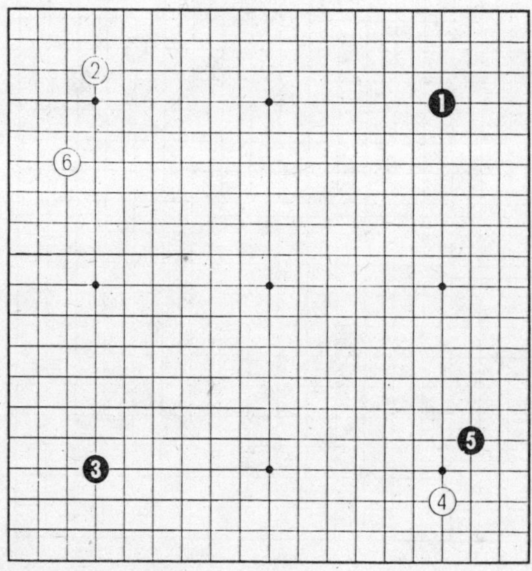

〔6〕즉시 굳힘

백이 2로 좌상귀를 두면 흑은 3으로 즉시 굳히는 포석이다. 한 귀를 확실히 굳히는 작전이다.

흑 3으로는 날일자 굳힘과 눈목자 굳힘이 있다.

백 4는 흑의 병행형에 대항하는 수법이다. 흑 5는 대각선 모양. 백 4로 좌하귀를 확보하면 흑이 우하귀. 최후에 나머지 귀로 돌아간다.

흑의 견실함에 백의 대각선의 대항이다.

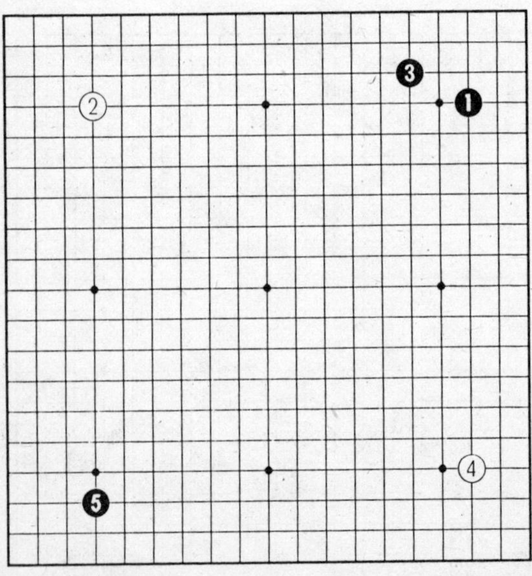

〔7〕 3·3 포석

3·3의 특성은 한 수로 귀를 독점할 수가 있다는 것이다. 위치가 낮아서 실리는 풍부한 편이지만 이것은 반대로 세력의 발전성이 적다. 다른 곳의 착수보다 떨어진다.

이 3·3의 포석은 실리에 중점을 두는 것처럼 생각되지는 않는다. 그러나 다른 방면으로부터 싸움을 일으키는 전법으로 보상을 받는 모양이다.

반대로 백에서 3·3의 결점을 눌러오는 시기가 문제가 된다. 여기까지가 백의 취향의 나감이다. 최근에는 흑이 선착으로 3·3에 두는 수법도 있다.

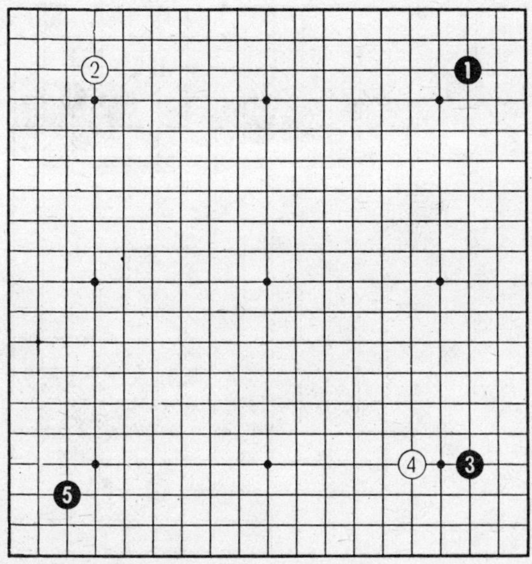

병행형(제 1 국)

제 1 보

흑은 1, 3으로 오른쪽 귀를 소목으로 둔다. 백 2, 4에는 화점에 대하여 병행형이다.

흑 5의 굳힘, 여기에서 a 와 b 의 2칸 굳힘이 있는 곳이다. 같은 굳힘도 우하귀를 두는 데에는 여러가지가 있다. 백 6의 걸침에 대하여 1, 5는 위압적이다.

백에서 5의 걸침에는 우하귀를 협공하여 움직인다. 백 6의 걸침에는 ——.

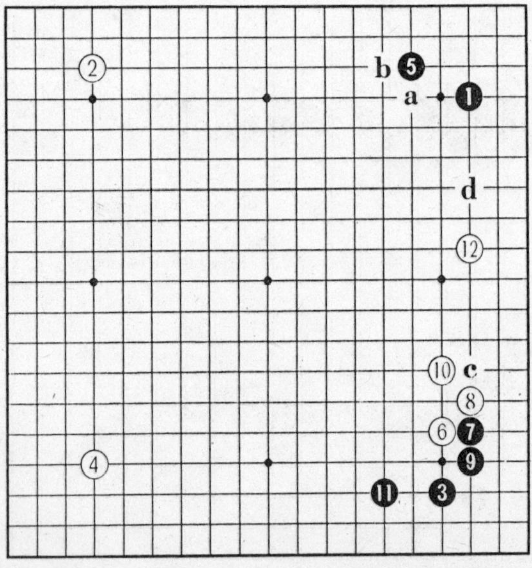

제 1 보

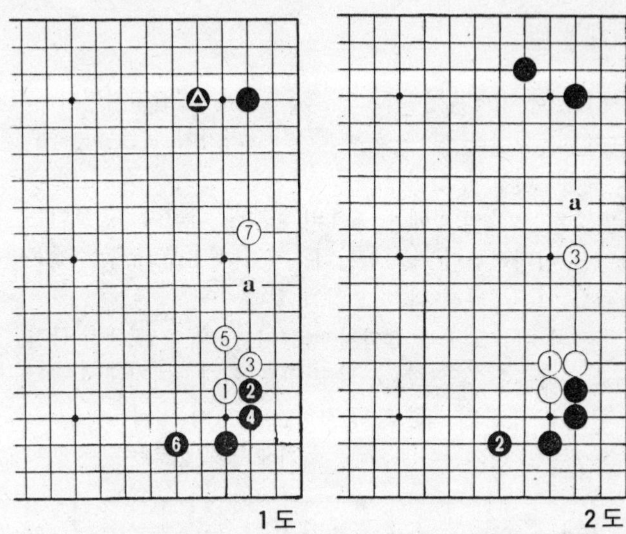

1도 2도

1도 우상귀가 흑 △의 굳힘이라면 7까지의 진행이다. 보의 협공도 세력이 강하다면 백 1로는 3의 곳을 걸친다. 흑 4, 백a 로 급전을 피하는 것이 하나의 방법이다.

흑 7에서 12까지는 정석이다. 흑 7로 c 의 곳에 두어 백 6의 한점을 공격하는 것은 한판의 바둑이다. 흑11까지 실리를 얻는다. 이것은 발이 빠른 구도이다. 수순중 백10으로는 ——.

2도 백 1의 이음은 견실하다. 우상귀의 협공을 무시하는 정석 선택이다. 흑에서 a 의 곳을 다가섬이 좋은 점이다. 제 1보의 진행처럼 d 의 다가섬보다는 흑의 움직임이 넓다.

백10에서 12까지 바른 진행이다.

제 2 보

우하귀에서 선수를 잡으면 흑은 1의 곳 날일자이다. 왜냐하면 화점은 한 수를 빼도 집이 되지가 않는다. 흑a의 걸침보다도 우선한다.

백 2의 2칸 협공에는 흑 1의 공격에 대하여 귀보다는 상변을 점거하겠다는 작전이다. 직접 백 6부터 두는 것은 저위를 기어나가서 나쁜 모양이 된다.

흑 3의 마늘모에서 6까지 정석이다. 흑은 귀에서 근거를 얻는다. 흑 3으로는 c의 2칸도 있다. 여기에서 백이 d의 곳을 받으면 흑e의 공격하는 수단이 있다.

흑 7은 최대의 큰 곳이다. 여기에서 백 2로는——

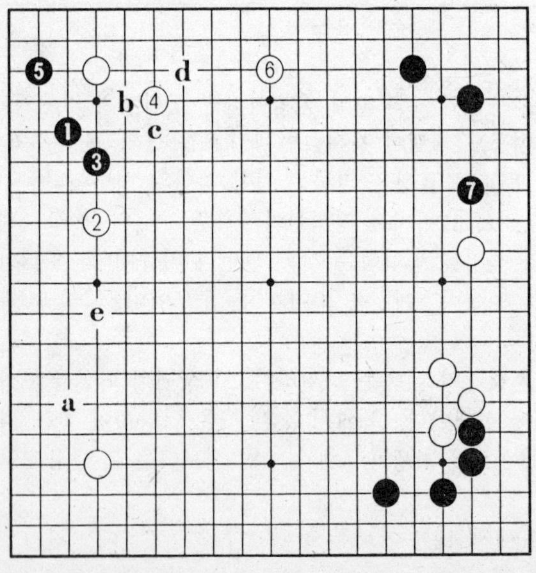

제2보

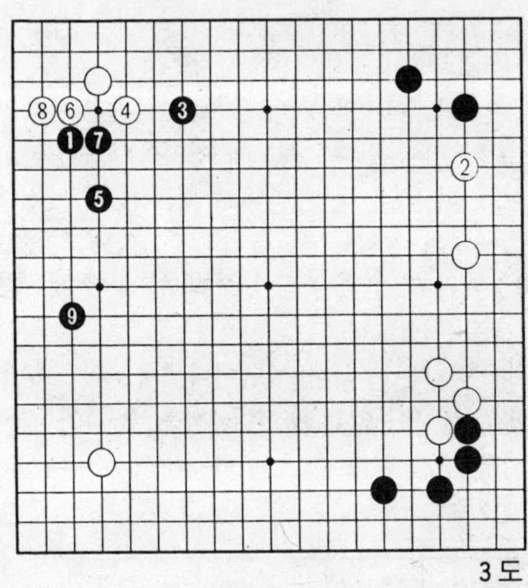

3 도

3 도 우변에 2로 진행하여 나간다. 고단자도 많이 두는 수법이다. 흑이 3의 곳에 두면 백 4의 마늘모에 흑 5에서 9까지이다. 이 대국은 병행형의 제 4 국에서 나타나는데 여기에서 설명하기로 한다.

앞뒤를 바꾸어서 제 2 보의 백 4로는——

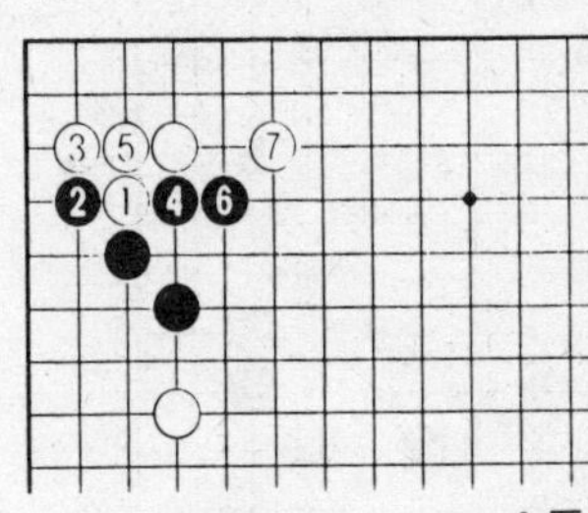

4 도

4 도 백 1에서는 7까지이다. 우측 방향의 협공을 제어하는 수단이다. 흑은 2, 4에 6까지이다. 백 1로 근거를 빼앗으면 4, 6 으로 모양이 두텁다.

제 3 보

흑 1의 다가섬. 이것은 a 의 곳의 벌림과의 차이이다.

흑 1은 귀의 집이 크다. 흑b 에 침입을 하는 수단이 남는다. 백이 a 의 곳에 두면 반대로 백의 집이 커진다. 흑 1 다음에 백b 의 침입을 구체적으로 나타내고자 한다.

5도 백 2에는 흑 3의 뻗음이 오직 한 수이다. 다음에 흑 5까지 귀를 연락한다.

이 다음에 백a 는 무리한 절단이다. 흑b 의 끊음에서 백c , 흑 d로 불안이 없는 수이다. 백은 2, 4가 두텁다. 백이 손을 뺄 수가 없다. 참고로 여기에서 하나의 예를 들어본다. 백 2로는——

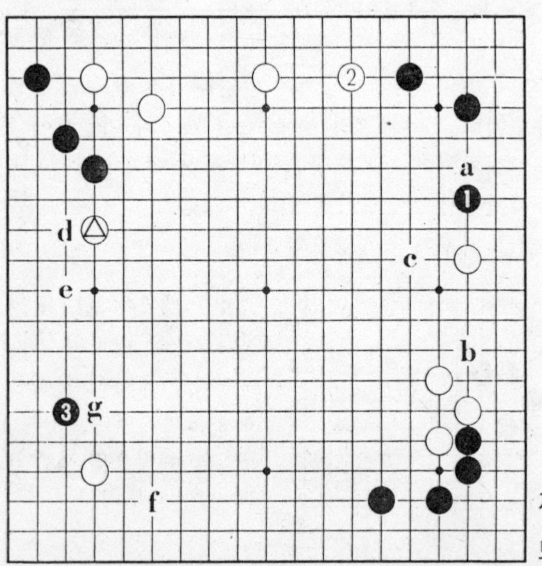

제 3 보

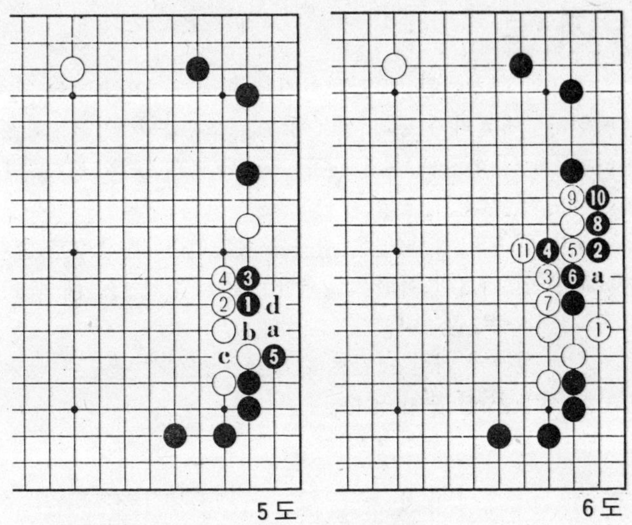

5 도

6 도

6 도 백 1로 연락을 차단하는 수이다. 그러면 흑은 2의 곳 날일자이다. 백 3에 흑 4가 맥의 응수이다.

백11의 단수까지 자주 나타나는 모양이다. 수순이 난해하다. 이 모양을 잘 기억하여 두기 바란다.

흑 2로 3이나 7, 백a 이다. 백 3으로 8이면 흑 5, 백 4, 흑 3이다. 흑 4에서 6까지 움직인다. 보(譜)에서 처럼 백 2에서 상변의 요점을 점한다. 그러면 백은 c의 곳을 뛴다. 대세에 뒤떨어지는 듯하다.

흑 3으로는 d의 곳도 있다. 화점이라면 f의 곳이나 g의 곳에 두어서 백 △를 강화시키는 반대 방향이 있다.

제 4 보

흑 1의 걸침에는 백 2로 지키는 수이다. 귀의 집을 중시한다. 백 4의 눈목자 받음이다. a의 곳 3·3은 피곤하다. b의 한칸도 흑 3 다음 흑에서 c의 좋은 점이 남아서 불만이다.

7도 백 1의 2칸 높은 협공도 유력하다. 흑이 2로 3·3에 두면 백 3의 차단으로 흑 10까지의 정석 다음에 백a, 흑b, 백c로 끊는다.

흑이 실리에 대한 댓가로 대모양을 형성한다. 흑에서 용이한 삭감을 할 수가 없다.

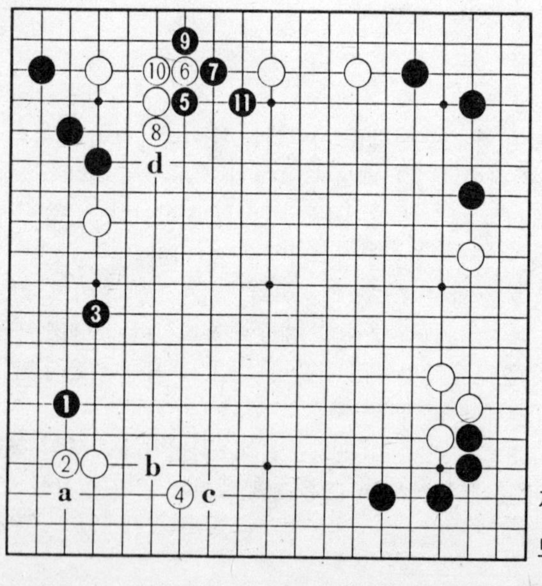

제 4 보

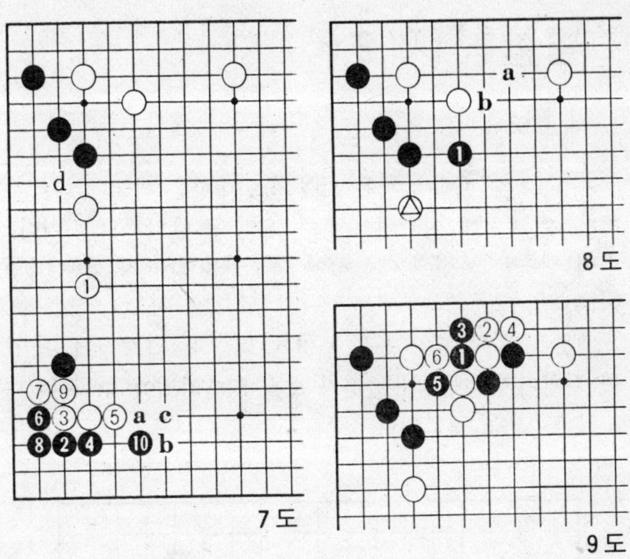

7도

8도

9도

흑에서 1, 3으로 좌변을 점거하면 백도 2, 4로 실리를 취한다.

흑 5까지 싸움의 주도권을 잡는다. 이것이 의도이다.

백에서 d의 곳을 두면 상변이 부푸는 것이다.

8도 흑 1을 반대로 점거를 하면 백 △를 크게 잡는 모양이다. 백 a나 b의 곳의 붙임이 있다.

백 6에 7의 곳 2단젖힘이다. 이것이 강수이다. 8도 당연한 반발이다. 흑 9로는——.

9도 흑 1의 끊음에는 6까지 실패이다.

결국 9의 단수에서 11까지 전투에 돌입을 한다.

병행형 (제 2 국)

제 1 보

흑 1, 3의 진행에 백은 소목으로 대항을 하고 있다. 소목은 2, 4인데 여기에서 흑은 5의 곳 날일자의 곳이다.

이 전술은 좌변에 이동하여 주도권을 잡고자 함이 작전이다.

백 6은 흑이 6의 곳을 두면 단조롭다. 그렇기에 당연한 걸침이다. 백 6의 날일자 걸침에는 좌변이 소목이어서 b 의 곳 높은 걸침이다.

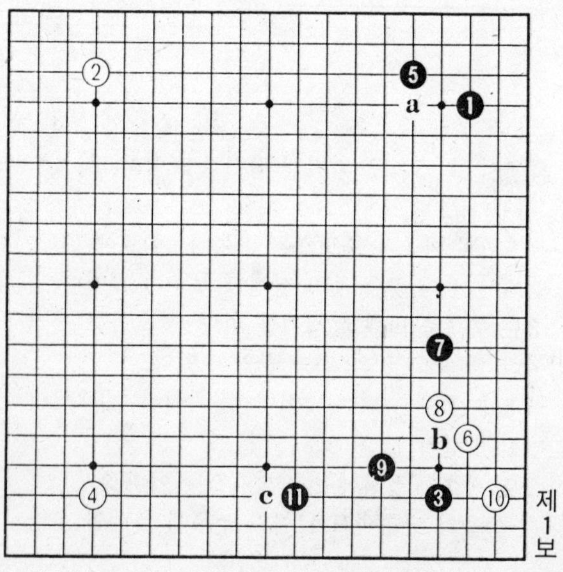

제 1 보

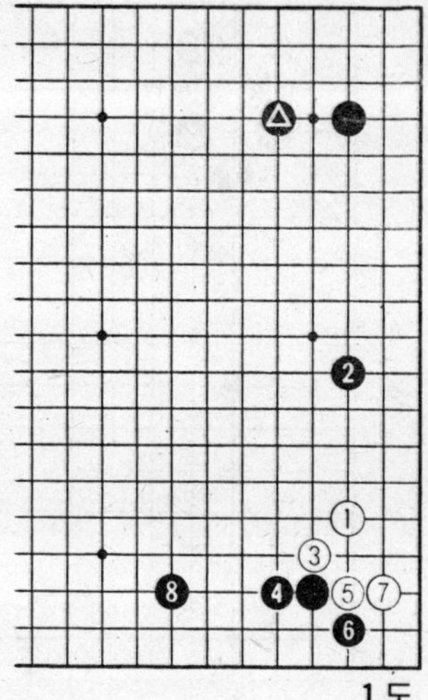

1 도

1 도 우상귀가 흑 △의 한 칸 굳힘이다. 백 1로 낮은 걸침에 흑 2의 3칸 걸침이다.

현대의 덤이 있는 바둑에서는 4집반, 5집반이 있기 때문에 이런 방법을 채용한다.

흑 2에는 백 3, 5에서 7까지이다.

흑 2의 협공에서 8까지 우하귀 모양이 만족스럽다.

제 1보의 흑 7은 2칸 높은 협공이다.

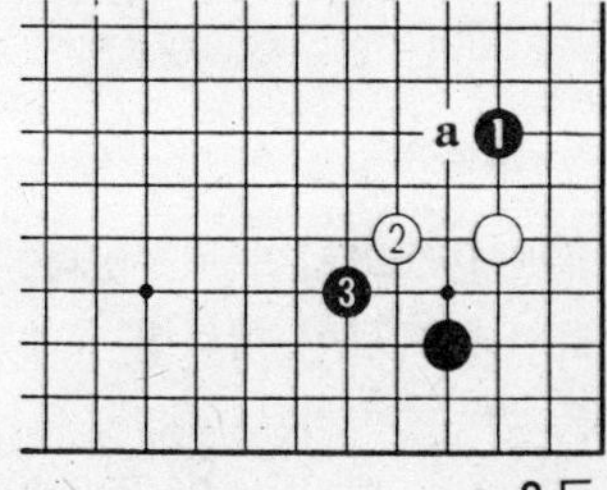

2 도

2 도 흑 1의 한칸 협공이다. 백 2에는 3의 곳 날일자이다. a 의 곳 한칸 높은 협공도 있다.

백 8의 마늘모에서 흑11까지이다. 이것으로 일단락이다. 11로는 c 의 곳도 있지만 11은 c 의 곳 보다는 견실하다. 물론 선악은 구별하기가 힘들다.

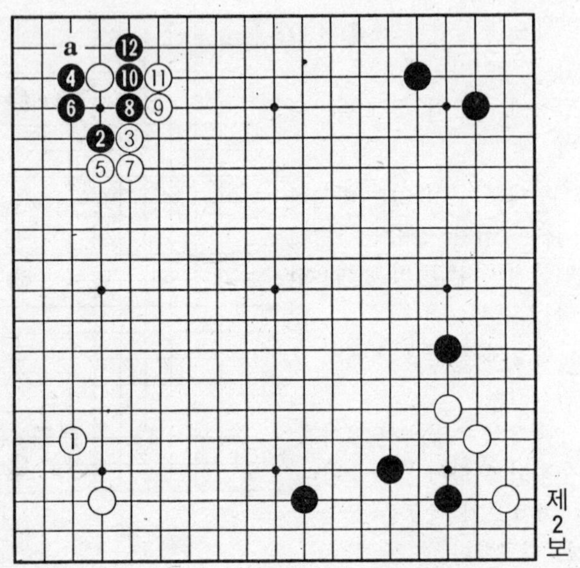

제 2 보

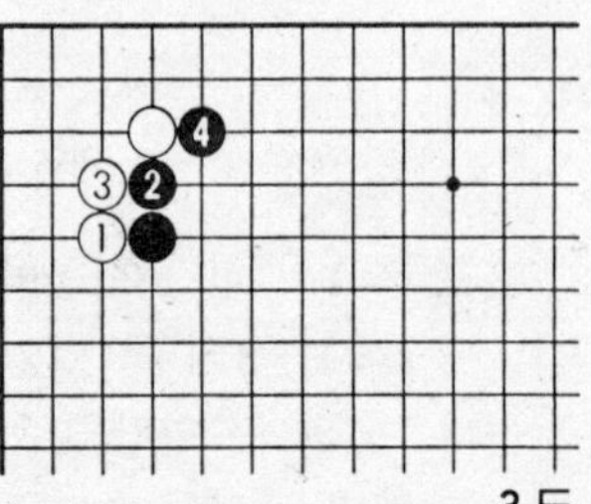

백 1로 좌하귀를 두었다. 하변에 흑돌이 있다면 흑 1은 위협적이다.

흑 2의 한칸 높은 걸침에는 백 3의 바깥쪽 붙임이다.

3도 백 1로 안쪽을 붙인다면 흑에서는 2, 4로 두어서 대사 정석을 유도한다. 상변에서 우변에 이르는 흑의 대모양에 대하여 백은 좌변에 둔다.

흑 4의 붙임도 난해한 정석이다. 흑 4로는——

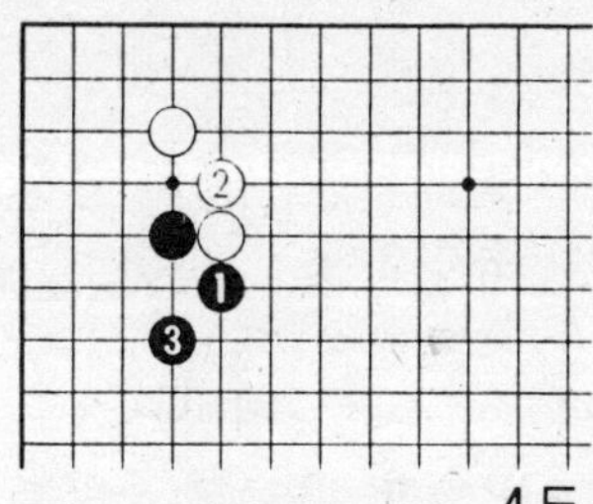
4 도

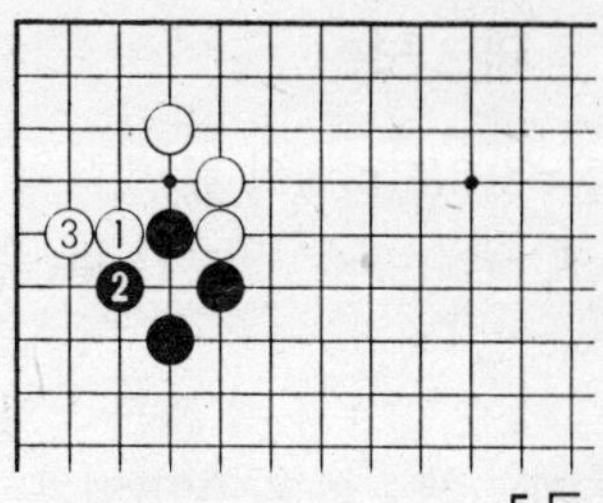
5 도

4도 흑 1로 두는 수이다. 백 2에는 흑 3까지이다. 백은 상변에, 흑은 좌변에 세력을 구축한다. 이 국면을 좌하귀에 두면 흑의 세력은 반감이 된다.

5도 백 1, 3으로 귀에 실리를 차지하는 수단이 있다. 백 5의 젖힘은 급소이다. 백a 로 흑 6을 교환하면 백 5로 젖히지 않을 수 없다.

흑 6은 7의 끊음과 8을 맞보기로 한다. 백 7에서 12까지 세력과 실리의 절충이다. 흑 6에는——

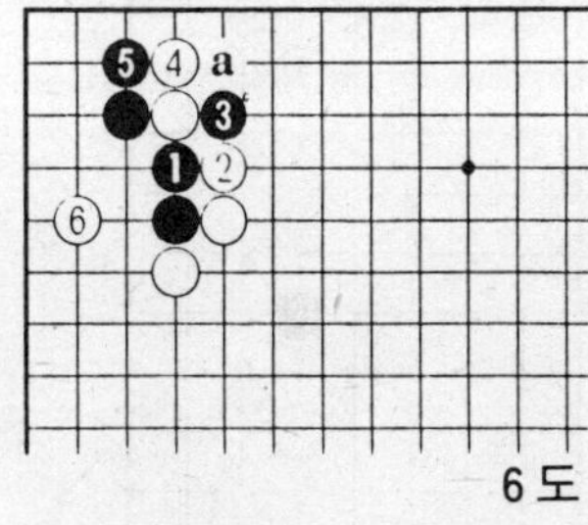
6 도

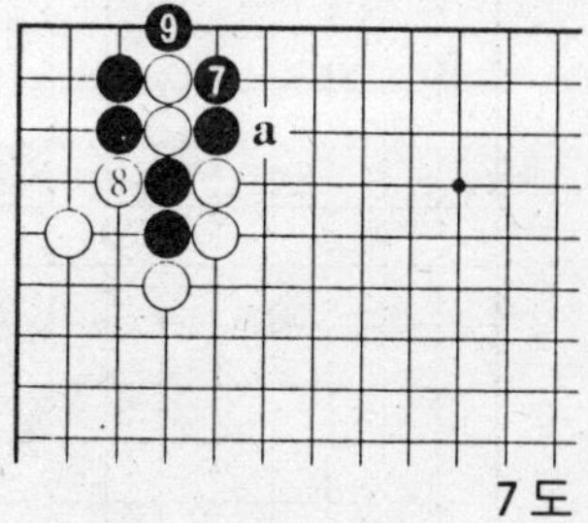
7 도

6도 흑 1이 최근 유행의 정석이다. 백 6은 맥이다. a의 곳을 두지 않는다.

7도 흑 7로 8은 백이 a 의 곳을 눌러 2점을 사석으로 이용한다. 결국 10의 먹여치기까지이다.

제 3 보

백 1은 최대의 큰 곳이다. 이것을 방치하면 백 5 다음에 흑에서 a 이면 백b 를 생략할 수가 없다.

여기에서——

8도 백 1과 흑 △는 모양이다. 이 수는 a 의 붙임으로 흑b , 백c 의 끊음이 있다. 흑 2는 백의 건너감을 막는 수이다. 이론이 없다. 백 3의 2칸 벌림이다. 안정이 있는 모양이다. 이것은 상변에 흑돌이 있는 상태이기 때문이다.

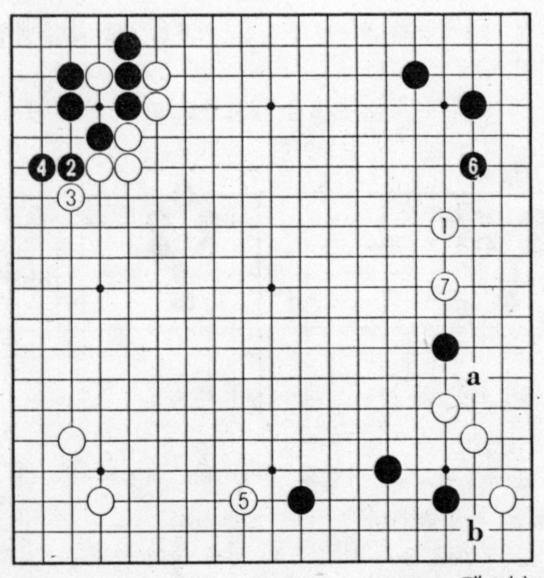

제 3 보

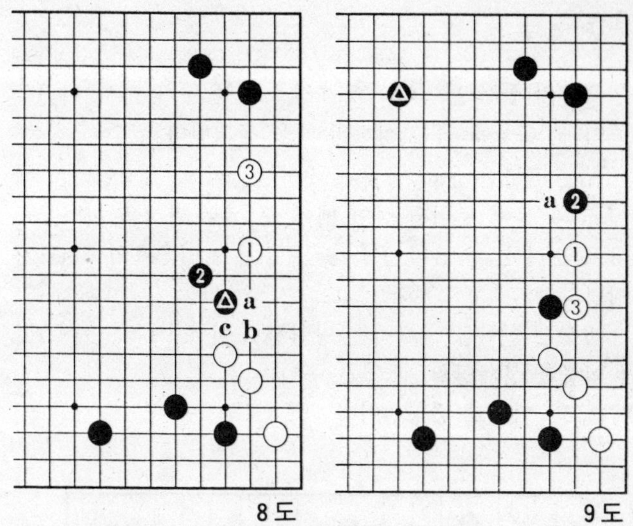

8도 9도

9도 흑 ▲가 있는 모양에서 백 1에 흑 2로 바짝 다가섰다. 백 3으로 붙여서 돌의 안정을 구한다.

흑의 모양이 크다. 본보에서는 a 의 곳에 두는 수가 너무나 좋다.

제 3보를 살펴보자.

흑 2, 4는 실리가 큰 수이다. 백 5도 피할 수 없는 좋은 점이다. 흑 6과 백 7은 맞보기이다. 2 곳 다 가치가 있다.

흑 6으로 7의 곳을 두면 백도 반대로 b 의 곳을 둔다.

흑 6은 우상귀를 6 으로 지키면 백 7은 7의 곳을 둔다.

이 움직임이 작전의 하나이다. .백도 알지 않을 수가 없다.

제 4 보

흑 1의 한칸 뜀이다. 흑 1점을 잡는 수가 커서 이곳을 흑이 둔 다음에 흑은 상하의 백을 공격한다.

10도 흑 1은 우하의 귀에 대하여 급소의 착점이다. 백이 a 의 곳에 두어서 살면 백이 2, 4로 반격을 한다. 흑 5로 a 나 b 는 5의 곳을 끊는 수가 있다. 흑의 전도가 암담하다.

백 2는 연락을 도모하는 당연한 수이다.

이곳은 봉쇄당할 수 없는 곳이다.

흑 3, 백 4로 중앙전이다. 백 4로는——

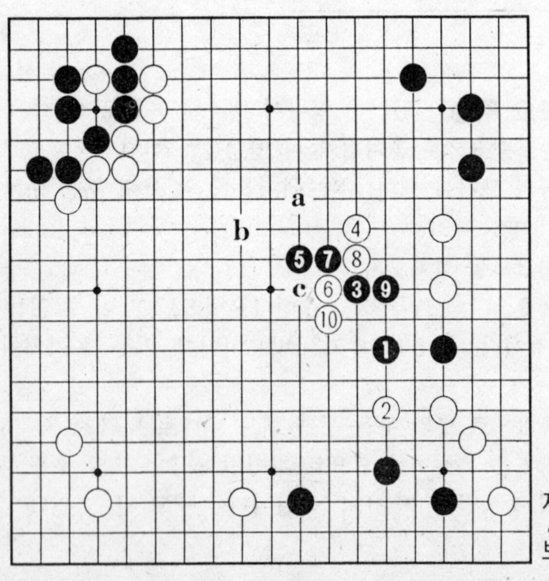

제 4 보

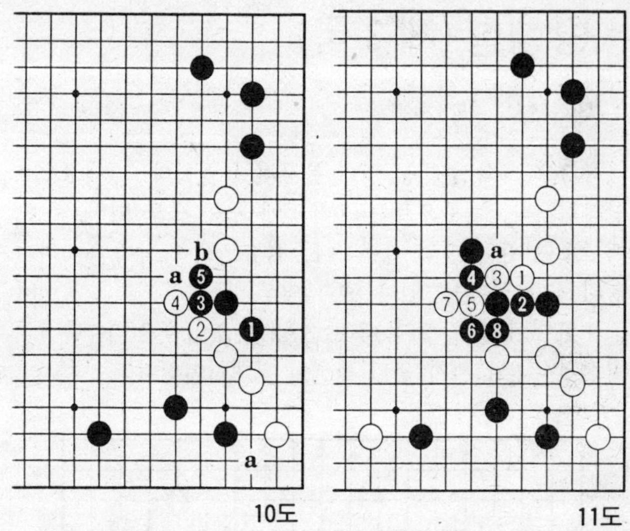

10도　　　　11도

11도 백 1, 3은 노골적인 공격으로 5, 7까지이다. 흑은 6, 8로 두지 않을 수가 없다. 백은 3곳에 분단이 되어 있다. 보의 3의 수 다음에 흑 5는 백을 압박하는 수단이다. 백a 의 받음에는 흑b 이다. 이것은 흑 호조의 판정이다.

백도 6까지 반격으로 전환한다. '날일자는 건너서 붙이라'는 격언이다. 주의할 것은 8의 축관계인데 유리하다.

흑이 백10 다음에 6으로 두지 않으면 이것은 좌하귀의 축관계가 있다.

흑 9에는 백도 10으로 뻗어 격렬한 싸움이 예상된다.

병행형 (제 3 국)

제 1 보

흑 3으로 화점에 둔 것이 본국의 특징이다. 백 6으로 갈라침이다. 백 6으로는 7의 곳에 두는 수도 있다. 흑 6, 백 a 로 한판의 바둑 진행이다. 백 6으로 화점에 대하여 b 의 곳을 둘 수도 있다.

1도 흑 2로 나쁘다. 백은 3·3에 침입을 한다. 흑 4의 내림에서 백11까지 흑의 세력이 강대하여진다.

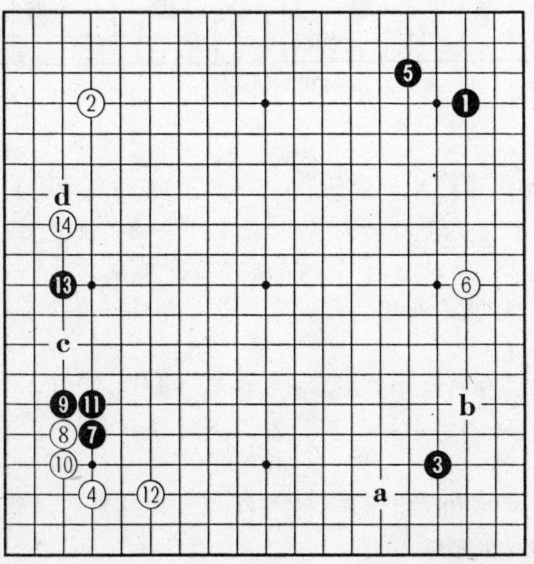

제 1 보

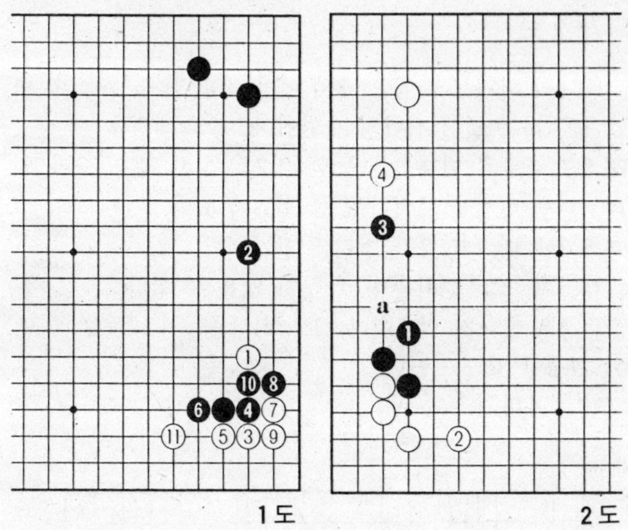

1도 2도

흑 7의 걸침은 당연하다. 좌하귀 이하는 급한 협공이다. 높은 협공의 2연성이다. 세력을 주체로 하는 포진이다. 백 8의 아래쪽 붙임에 흑 9의 누름, 11까지 견실하다.

2도 흑 1에서 3까지이다. 이것도 나쁘지가 않다. 보의 흑13과는 한길 차이이다. 이것도 한판의 차이이다. 백 14는 절호의 다가섬이다. c의 곳 침입을 노린다. 백 4가 좋은 점인데 2도를 보자.

흑 1, 3으로 한 길이 더 넓다.

백a의 곳을 침입하기 위해서는 귀를 보강하지 않을 수 없다.

제 2 보

백 1의 다가섬에 흑은 2의 곳을 전환한다. 우변의 백을 공격하는 것이 하나의 수단이다.

3도 흑 1로 아래쪽을 두면 백 2로 두지 않을 수가 없다. 하변 일대를 유의하여 볼 필요가 있다.

흑 2에 백 3의 2칸 벌림은 필연이다.

백 3의 2칸 벌림은 b로 두지 않을 수 없다.

흑 4의 눈목자 받음이다. 모양이다. c의 마늘모와 d의 걸침이 있는 곳이다.

이 흑 4의 수로는——

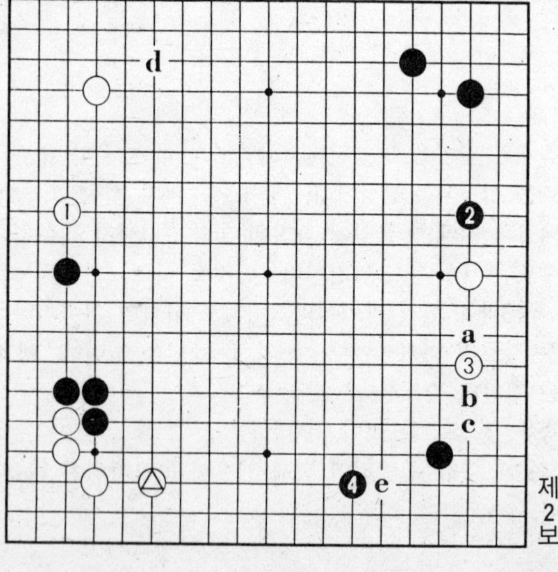

제 2 보

4도 흑 1도 유력하다. 백 2점의 백을 공격하여 귀의 수비를 겸한다.

백 2와 흑 3의 교환이다. 백 4의 요점을 빼앗는다.

이것이 전투의 원칙이다. 흑1, 3으로 귀를 튼튼히 하는 수이다.

좌우의 백을 공격함이 용이하다. 보의 흑 4와 대동소이하다.

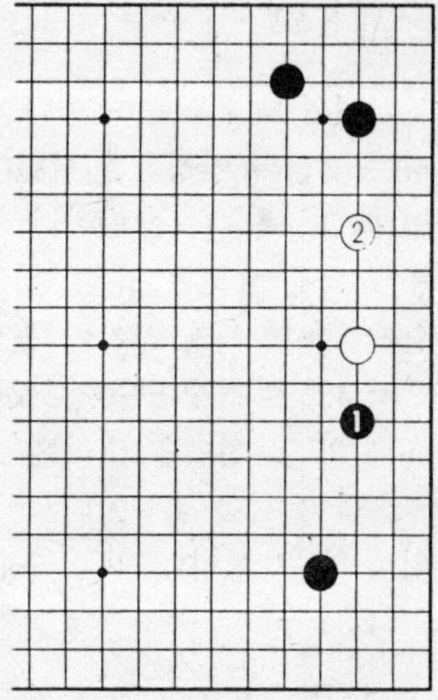

3도

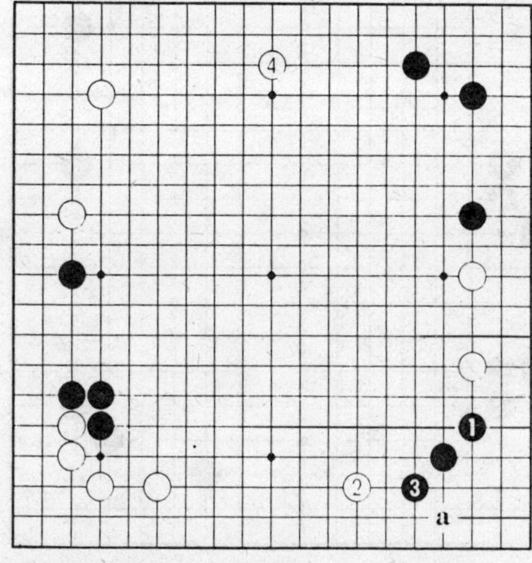

4도

제 3 보

상변의 백 1은 큰 곳이다. 여기에서 백a 로 귀를 침략하여 2점의 안정을 허락한다. 흑에서 b 의 화점에 걸치면 백 3, 흑c 는 필연이다. 상변에 흑이 점거한다. 수순중 주의를 요하는 점은 백a 의 협공에 d 의 곳 받음이다. 근거를 빼앗기지 않음이 중요하다.

백 3으로 좌상귀를 견고하게 지킨다. 흑에서 3의 늘음은 b 의 곳 침입을 노리는 수이다.

흑 4의 위쪽 붙임이다. 이하 4, 6까지이다. 이것은 백의 e 의 곳 침입을 막는 수단이다.

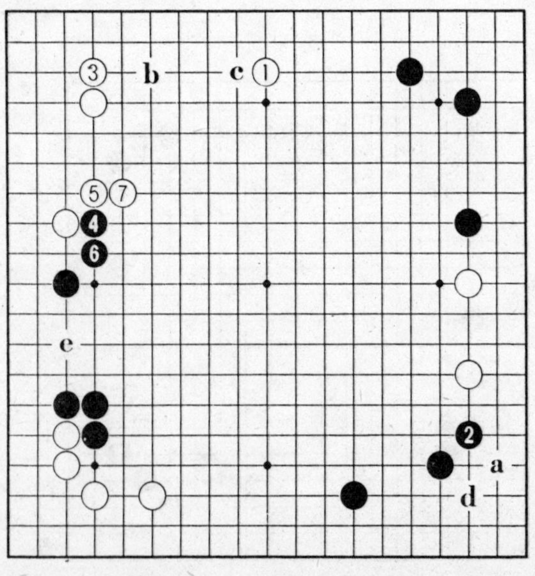

제 3 보

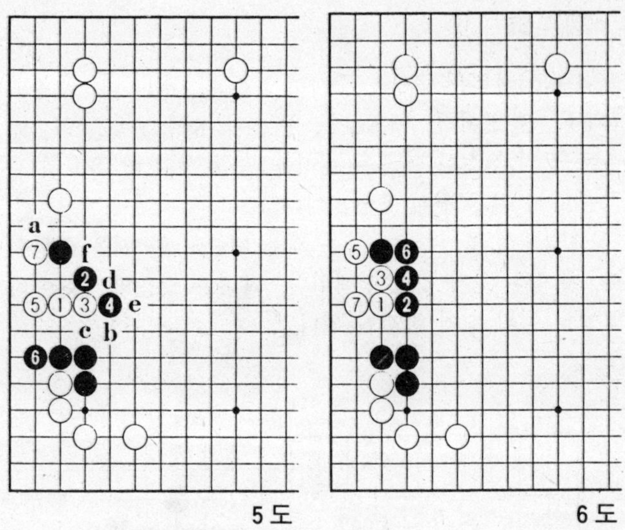

5 도 6 도

5 도 흑에서 4, 6이 없다면 c 의 곳 침입하는 수단이다. 백 1에는 흑 2이다. 백 3에서 5까지이다. 흑이 6으로 연락을·차단하면 백은 7의 곳을 붙인다. 이 다음에 흑a 나 b 의 곳 나감이 있다. 흑c , 백d 의 단수, 흑e 이다. 다음 f 까지이다. 흑 2는 당연히 무리가 아닐 수 없다.

6 도 백 1에는 흑 2이다. 백 3, 5에는 흑 6으로 단점을 남기지 않을 수 없다.

백 3으로 4, 흑 3의 끊음이다. 그렇기 때문에 제 3 보의 흑 4가 적절한 조치이다.

제 4 보

백 1의 뻗음은 중앙을 중시하여 두는 방법이다. 흑 2의 끊음에 3, 5이다. 백 5로 6은 흑이 5의 곳을 둔다. 백 1로 2의 견실한 이음은 실리를 중히 여긴데 유효하다.

이것이 이 국면의 포인트이다.

'소탐대실'을 피하여 작은 것을 내주고 큰 것을 취함이다. 당연히 1의 곳을 선택한다. 흑 8은 상용의 수단이다. 당연히 백의 집이 반감이 된다.

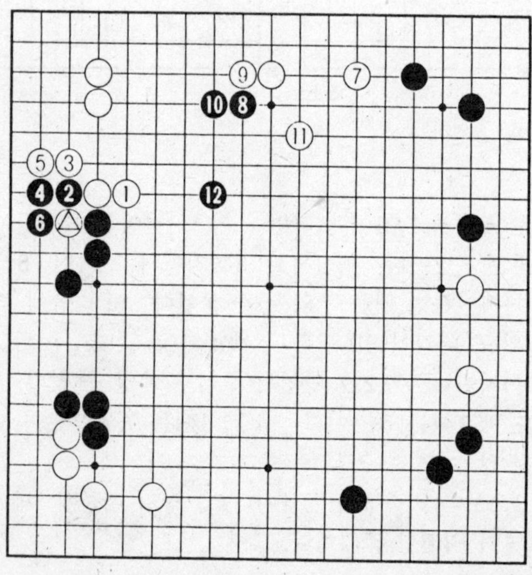

제 4 보

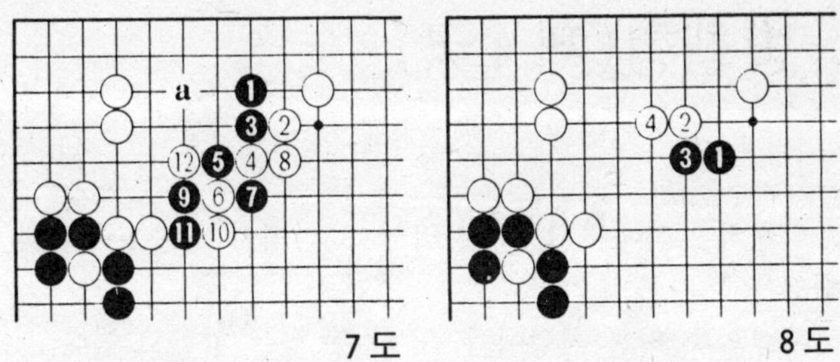

7도 8도

7도 흑 1의 깊은 침입은 백 2, 4의 압박이 용이하여 탈출을 할 수가 없다.

흑 5에는 6으로 눌러서 12까지이다. 7로 a를 두어 설사 흑이 산다고 하여도 백의 외세가 엄청나다.

8도 흑 1의 날일자 삭감 수단도 부족하다. 백 2, 4로 4선을 두어 흑은 불만이 남는다. 이런 배치에서는 어깨짚기가 한 수이다. 백 9, 11은 자주 나타나는 모양이다. 백 9로는——

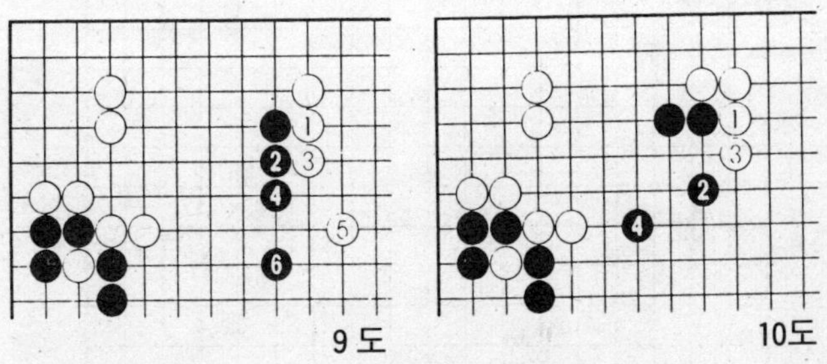

9도 10도

9도 1, 3의 누름은 보의 7의 곳의 중복이다. 11로는—

10도 1, 3도 있다. 흑도 2, 4로 돌의 모양을 갖춘다. 12가 가벼운 나감이다. 백 모양이 저위여서 성공이다.

병행형(제 4 국)

제 1 보

현재의 포석에서 1, 5의 날일자 굳힘이 많다. 실리에 중점을 두는 풍조이다.

흑 7의 걸침은 취향이다. a의 곳 높은 협공도 있다.

흑b로 6의 1점을 공격하는 것도 한판의 바둑이다.

백 8은 4칸 벌림, 굳힘에서의 발전방향을 방해한다. 백 c, d는 다음의 수이다.

흑 9는 준비공작으로 조화를 구한다. 백10으로는 13의 곳을 두기도 한다.

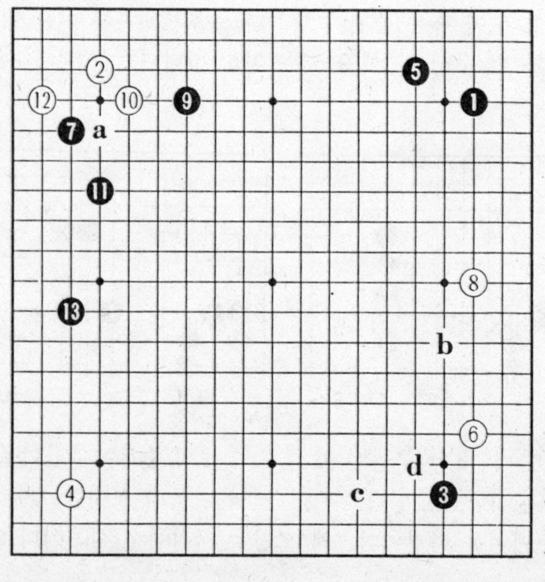

제 1 보

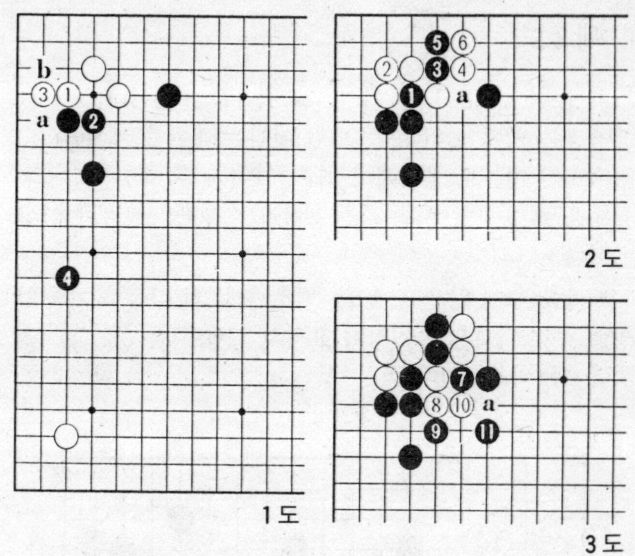

1도

2도

3도

여기에서 백12로는——

1도 백 1, 3으로 아래쪽에 두는 수이다. 보의 차이는 백 1, 흑 2의 교환이다.

흑에서 a의 곳 누름에도 2집 모양이 있다. 이 교환이 없다면 나중의 진행은 중앙에의 탈출이다.

흑에서 b의 붙임을 노리는 a의 곳이 선수의 의미가 있다. 전도의 백 3은 손을 뺄 수가 없다.

2도 흑 1에는 백 2에서 3의 끊음까지이다. 백 6에——

3도 흑 7의 끊음에서 11의 장문이다. 이것은 실패이다.

백 4로 5의 곳은 나쁘다. 백 6으로 a도 흑이 6의 곳을 둔다.

제 2 보

백 1에는 흑 2이다. 여기에서 백 3은 정석이다.

흑 4는 백에 a 의 곳을 벌린 것과는 대단한 차이이다.

흑b 의 마늘모 붙임에서 백c , 흑d 에는 백 7까지이다.

손을 뺀다면 우하귀 흑을 공격하는 급소는 백 5의 날일자이다.

백 5를 두지 않으면 흑b , 백c , 흑d 의 다음 흑이 e의 곳에 두면 흑 4의 움직임이 요석의 공방이다.

흑 6은 의문수이다.

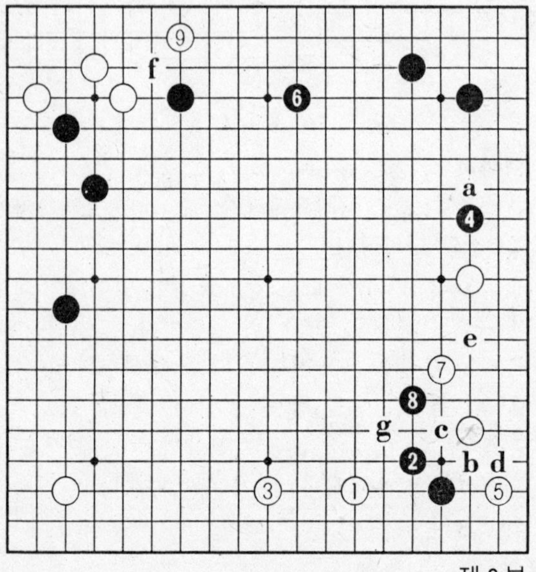

제 2 보

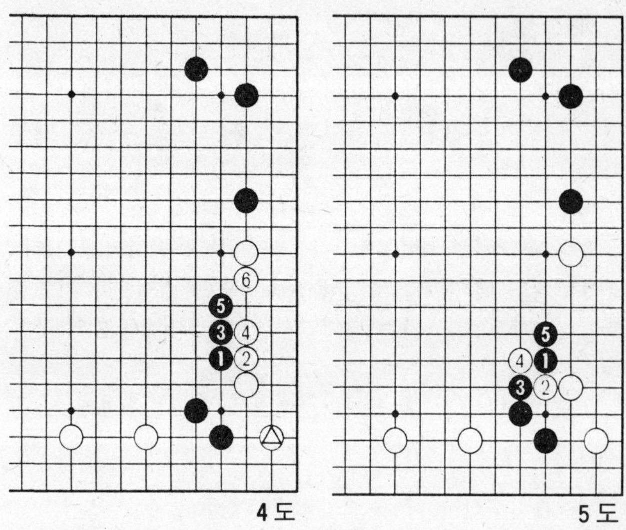

4도 흑 1로 두면 5까지이다. 하변의 백돌에서는 흑 1, 3으로 두는 수가 악수의 견본이다.

백 ◬는 근거를 빼앗는 수이다. 돌의 안정을 도모하는 수이다.

5도 흑 1의 싸움에 백 2, 4의 나가 끊음은 어떨까? 이에 대하여 흑 5로 강하게 끊어 싸운다.

보의 백7, 흑 8에는 맥이 하나의 모양이 생긴다.

백 9는 큰수. 흑이 f 의 곳에 두는 것과는 차이가 있다. 이것은 대단한 차이이다. 흑 8로 f 이면 백 8의 결과이다.

제 3 보

군혀있는 상태에서 백 1의 달림은 초심자가 이해할 수 없는 수이다. 왜냐하면 흑이 a 의 곳을 째고 나오기 때문이다.

이 모양에서 경과도를 보자.

6도 흑 1에는 백 2, 4이다. 백 ⓐ를 분단시키고 있다. 흑 5의 끊음에 백 6으로 늘음, 흑 7에는 백 8로 위쪽을 붙인다. 백a 로 조이는 것이 선수이다. 흑에서 b 의 곳을 둘 수 없다.

7도 백 1 다음 3, 5이다. 흑 2에 백 5, 흑 4에 손을 빼면 한 수 차이가 난다.

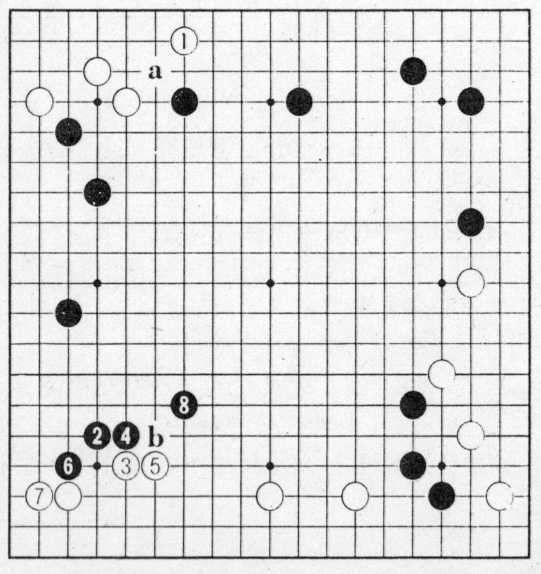

제 3 보

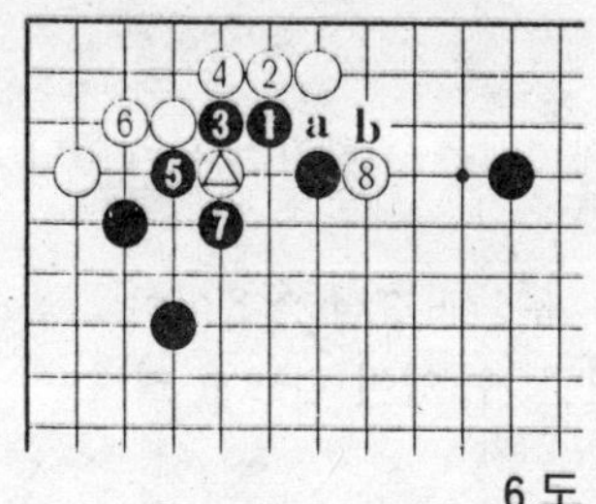

6도

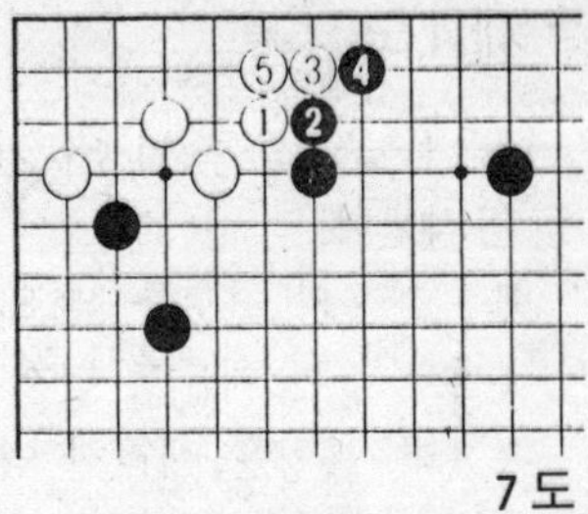
7도

제 3보로 되돌아가서 1의 곳에 두면 흑 2, 백 3, 흑 4, 백 5 다음에 좌변을 방치하여 둔다.

8도 하변에서의 흑 1로 두는 수이다. 백 2에는 흑 3이다. 백 2로 a 는 흑b , 백c , 흑d 의 가벼운 움직임이 조화가 있다.

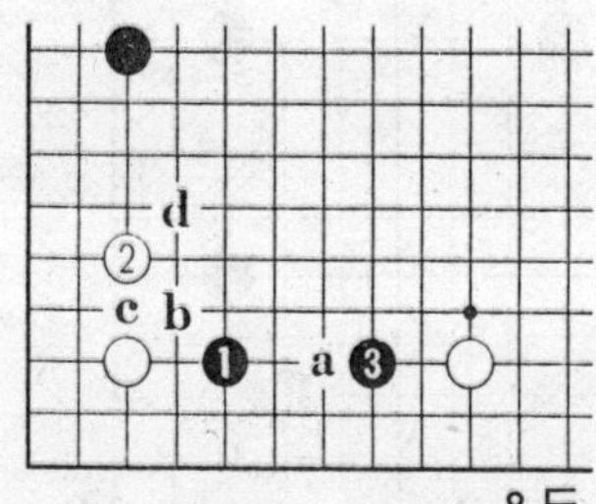

8도

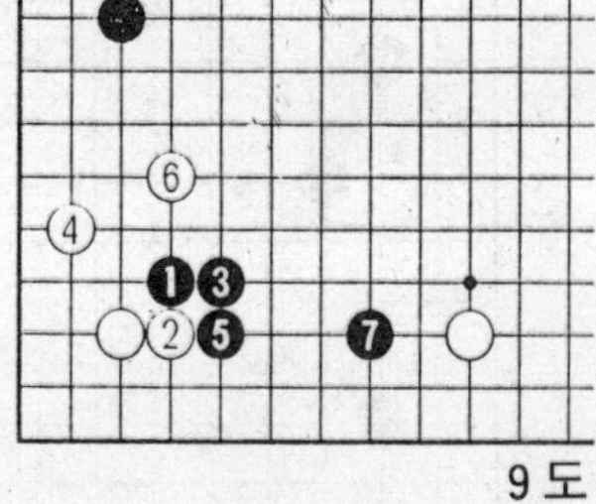
9도

9도 또한 흑 1의 누름이다. 성립할 수 있는 곳이다.

백 2도 강렬한 누름으로 철칙이다.

백 4에 흑 5, 7이다.

좌변을 중시하는 관점에서 흑 4의 누름이다. 8의 곳달림은 당연하다. 흑 6에는 백 7로 귀의 실리를 키운다. 7로 b 의 곳을 두면 반대로 귀가 엷어진다.

제 4 보

싸움은 우변으로 이동을 한다. 백은 우하귀의 흑의 일단을 공격한다.

백 1로 흑의 진로를 막으면 흑 2에 3의 뻗음이다.

흑 2로 a 는 백b 로 먼저 나갈 수 있어 나쁘지 않다.

흑 4의 붙임은 예리한 맥이다.

10도 흑 1은 무난하다. 백 2에 흑 3으로 두는 것이 요령이다. 여기에서 좌변의 연락이 용이하다. 수순중 백 2로 a 의 곳을 벌리는 것은 흑 2로 누른다.

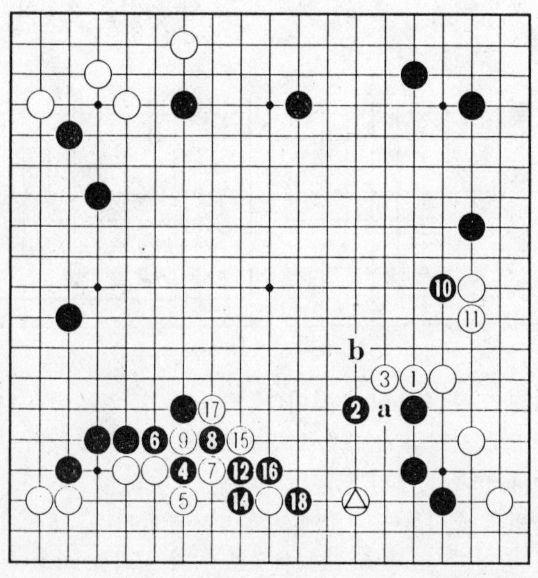

제 4 보

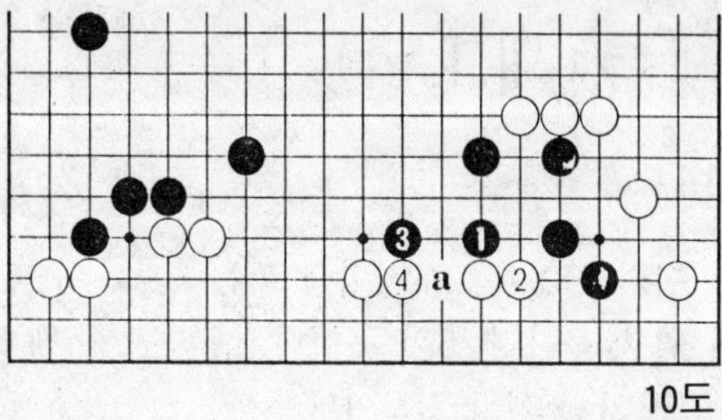

10도

흑 6은 노림이 깃든 수이다. 백 7까지이다.

11도 백 1에는 흑 2이다. 3의 끊음에는 4의 곳 끊음이 간단하다.

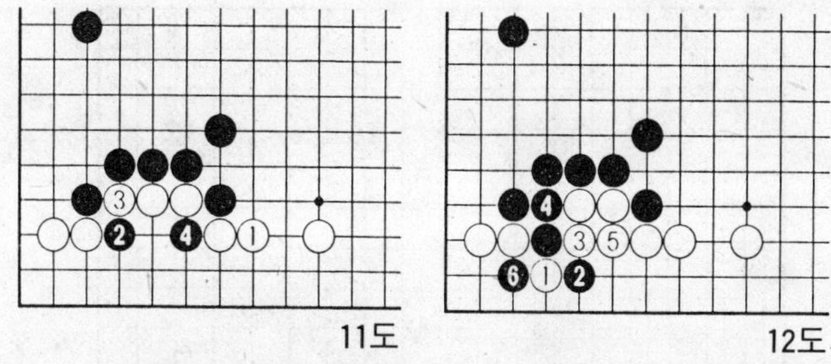

11도

12도

12도 백 1에는 2단 젖힘이다. 연락은 불가능하다.

백 3에는 흑 4 다음 6까지 귀를 단수한다.

이 2단젖힘은 실전에서 자주 나타나는 모양이다. 9의 패때림이 중앙의 포인트이다. 흑도 하변을 파괴한다.

백 ◬의 움직임을 저지한다. 호각의 판정이다.

수책류(제 1 국)

제 1 보

백 4로 귀의 점거를 우상귀에 두는 것이 수책류이다.

최후에 귀를 둔다면 5의 곳이다. 우하귀에 백 6은 당연하다. 흑 7이 포석의 기로이다.

7의 2칸 높은 협공은 백 4에 대한 우변의 요점을 선행하고 있은 작전이다.

1도 흑 1은 백 Ⓐ를 협격하는 수단이다. 백 2의 씌움에는 3, 5까지이다. 흑 1의 위치가 중복이 된 의미가 있다.

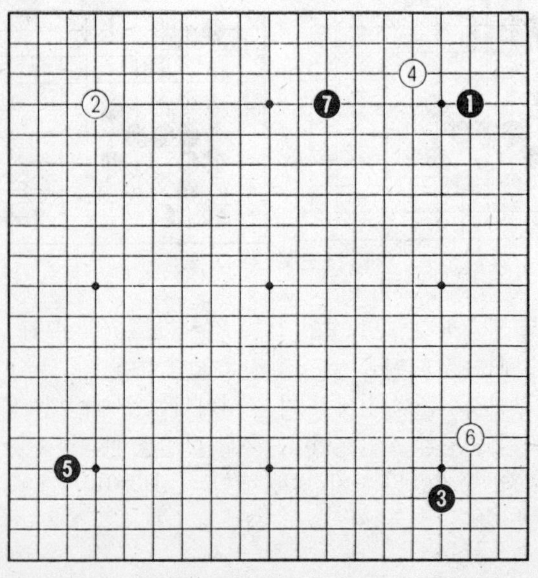

제 1 보

2도 흑 1의 마늘모이다. '수책의 마늘모'이다. 선수필승의 포진이다. 호선(互先)의 공제바둑으로 보급이 되었다.

제1보의 모양에서 흑 7을 가미한 것이 현대적인 수책.

2도의 흑 1에 백 2의 협격을 피하면, 흑 3의 마늘모에 백 4로 지키는 모양이다. 흑 5까지 예상될 수 있는 포진이다.

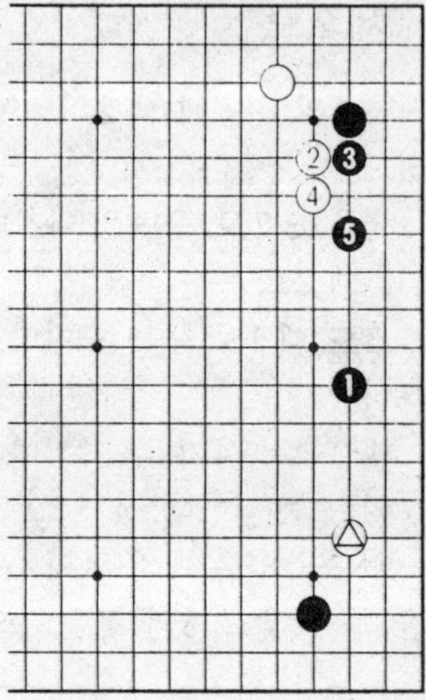

1도

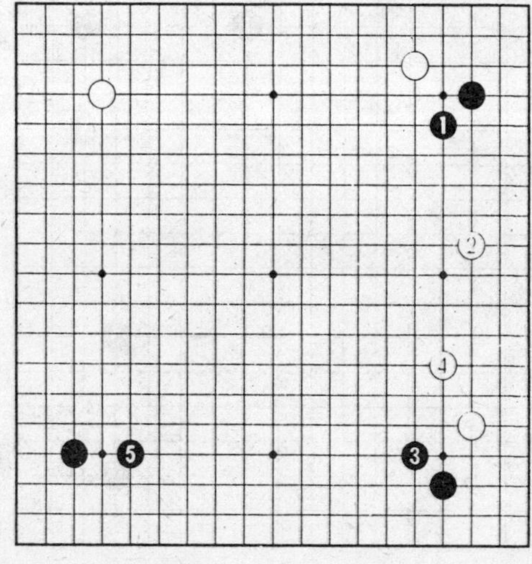

2도

제 2 보

흑 1의 협공에 백 2의 뜀이다. 손을 뺀다면 당장에 a의 곳을 붙인다.

흑은 3으로 우변을 나간다. 백 ◬의 움직임을 제어한다. 백 2로——

3도 백 1로 두는 수이다. 이때에 흑 2의 눈목자가 중요하다.

백 3에 흑 4가 좋은 점이다. 흑 2로 a의 곳은 다음에 b의 곳 벌림이다. 4칸으로 둘 수가 없다.

선수를 얻은 백의 4의 곳 걸침에서 흑은 나가는 착점을 두지 않고 5의 곳을 두었다.

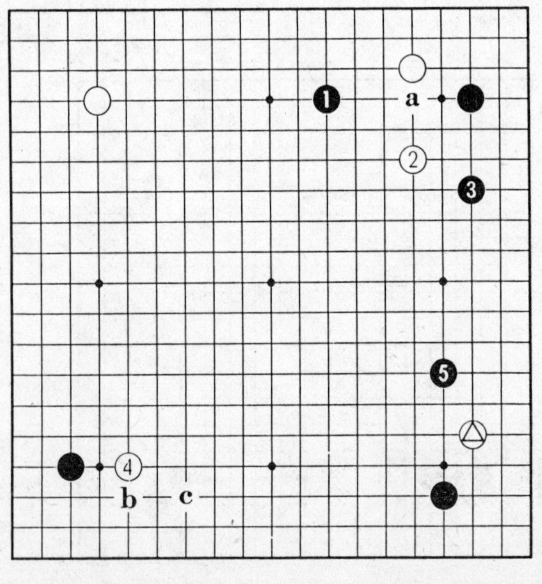

제 2 보

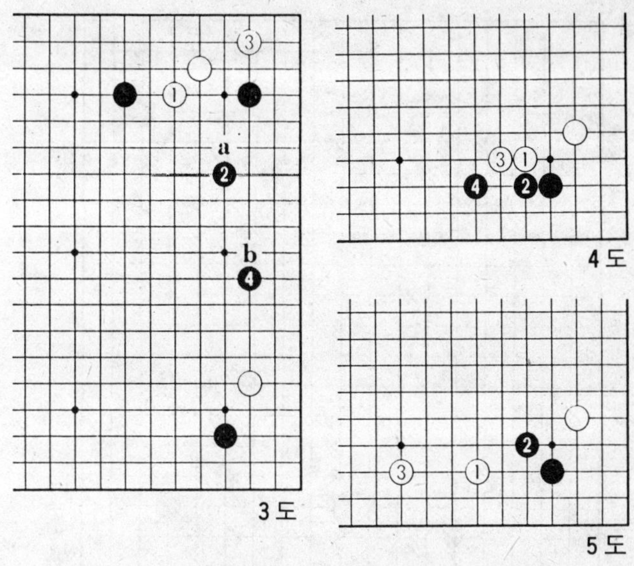

3 도

4 도

5 도

흑 **5**로 b 의 아래쪽 붙임에는 c 의 협공이 있는 곳이다. 이러한 종류의 정석이 좌하귀에 나타난다. 백은 이 모양에서 ——

4도 백 **1**로 흑을 압박하는 수단이 있다. 만약에 여기에서 흑이 둔다면——

5도 백 **1**로 하변에 전개를 하는 수단이 있다. 이 모양에서는 너무나 가벼운 계착이다. **4**로 두지 않고 가령 **4**도의 백 **1**, **3**이다. 이것은 보의 흑 **3**의 날카로움에 두터움이 있다. 그러나 이것은 손해이다. **1**도의 중복이 된 느낌이다.

흑 **5**는 백의 의도를 간파한 수 반대로 이곳을 나간다면 백 **1**의 한칸 높은 협공은 백도 손을 뺄 수가 없다.

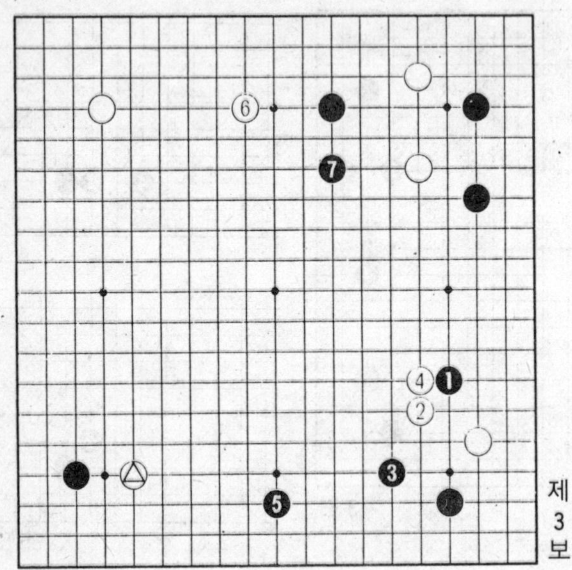

제 3 보

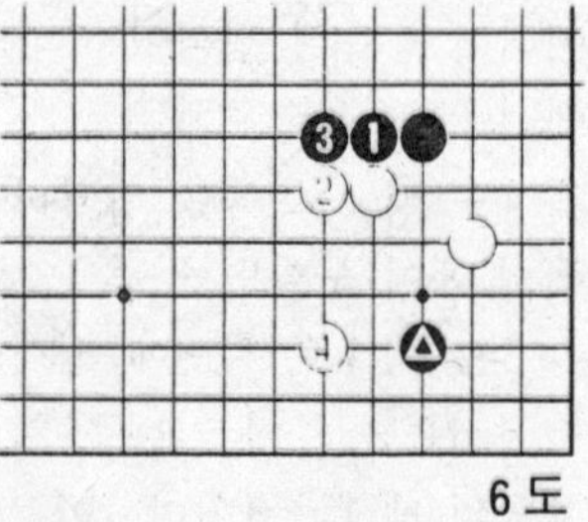
6 도

백 2의 날일자는 흑돌의 중앙 진출을 어느 정도 방해 하는 수법이다.

6도 흑이 1, 3으로 누르면 백 4로 반발을 한다. 흑 ▲가 움직일 수가 없다.

흑도 3, 5로 나가면 백 △로 압박하는 수단이 좋다. 백 6은 공격의 급소, 우측의 백이 엷어서 흑 1이 심분 채산(採算)이 있다.

흑 7의 한칸 뜀은 모양의 한 수이다.

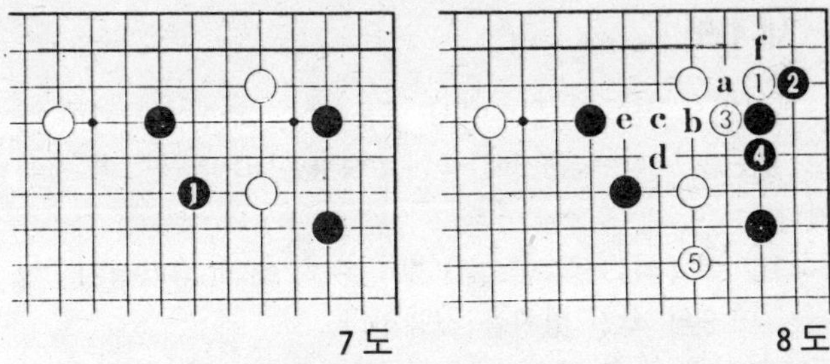
7 도　　8 도

7 도 흑 1로 날일자로 나가는 수이다. 백 2점을 공격한다. 보의 흑 7까지이다. 이 흑 1에는――

8 도 백 1에는 흑 2에 백 3이다. 백 5가 정석책에 나오는 수이다. 흑 2로 3, 백a, 흑b, 백c 가 좋다. 이 다음 흑d, 백e 로 가운데 1점을 분단한다. 흑 4로 f 는 백 4로 두는 수가 있다. 그러면 백 5로 둔다.

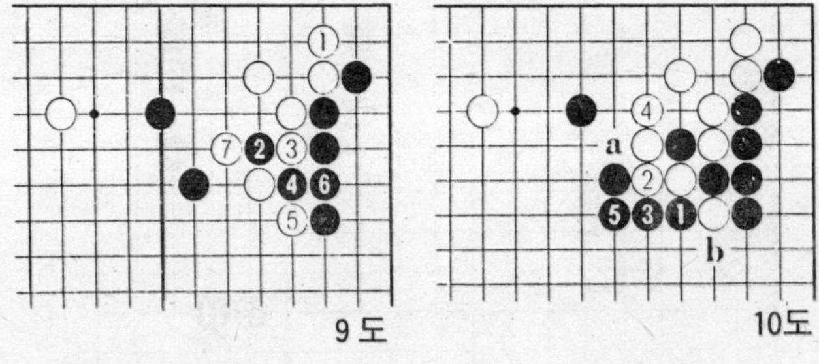
9 도　　10도

9 도 백 1에는 흑 2로 두는 수이다. 백 3에서 7까지 한 점을 잡는다.

10도 흑 1의 끊음에서 5까지이다. 백 4로 5는 흑a, 백 4의 곳 다음에 흑b 로 때린다.

나쁜 결과가 아니다.

제 4 보

좌하귀로 바둑이 움직여서 싸움이다. 흑 1이 a이면 백도 8도를 택함이 근거에 좋다. 백 2는 바깥 붙임의 정석이다.

11도 백 1의 안쪽 붙임의 정석은 흑 ▲의 다가섬이 있어서 백 5의 발전 방향을 저해한다.

흑 3의 젖힘은 한 수이다. b 다음에 백 4의 누름은 2점머리와 같다.

흑 5도 이 정석에서 사용하는 수수로 다음 백 6의 끊음이다. 끊는 쪽을 잡으라는 격언대로 7, 9이면 백도 10으로 1점을 단수한다.

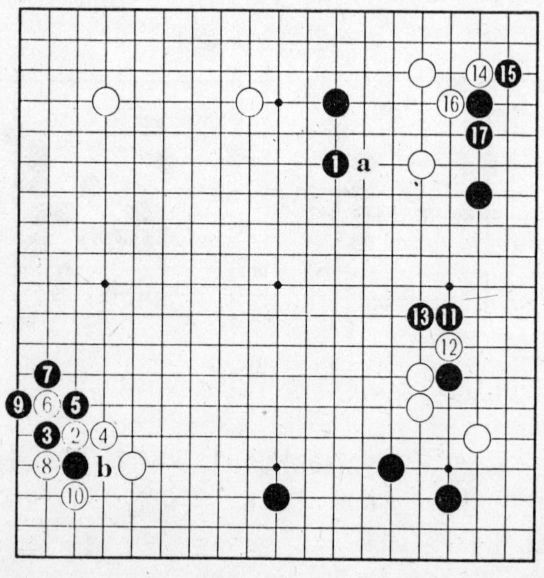

제 4 보

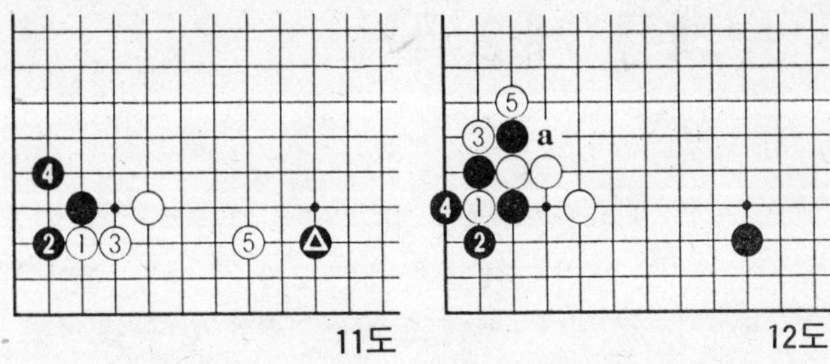

12도 백 1의 안쪽 붙임이다. 흑 2, 4에 백 5로 축이다. 우상귀 흑 1에서 흑a 로 나가는 수가 있다.

보의 흑 5의 수는 손해가 아닌 정석 수순이다. 이 점이 맥이다.

13도 모양에서의 악용(悪用)을 살펴보기로 하자.

흑 1로는 2의 곳 뻗음이 옳다. 이 도에서는 백은 4, 6으로 산다. 흑 3점을 잡는다.

흑 11로는 보통——

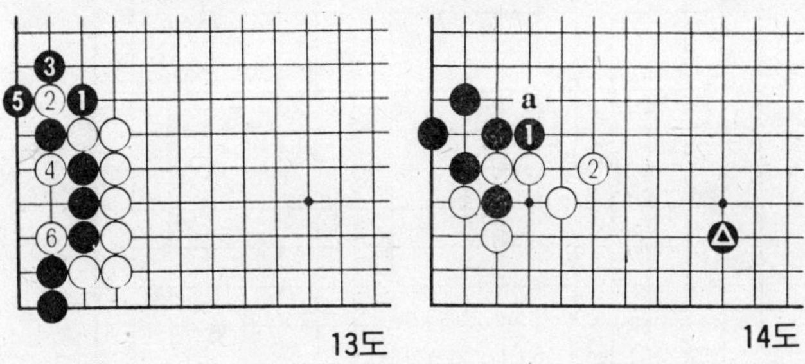

14도 흑 1로 누름이 정착이다. 백이 a 의 곳을 두는 것과는 엄청난 차이다.

흑 ◭가 있는 모양에서 백도 2의 곳이다. 상하를 보강한다.

수책류(제 2 국)

제 1 보

우하귀의 걸침에서 백 6은 최근 많이 두는 수이다.

1도 흑 1로 머리를 내밀면 백은 2의 곳 안쪽 붙임이다. 6까지 정석이다. 백이 요소에 선점을 한다. 결국 a이면 백b, 흑c 이다.

여기에서 우하귀가 d 의 날일자 걸침도 한칸 높은 협공과 같다. 흑의 공격을 완화한다. 이것이 이유이다.

흑 7로 아래쪽 붙임이다. 우상귀에서 기인한다.

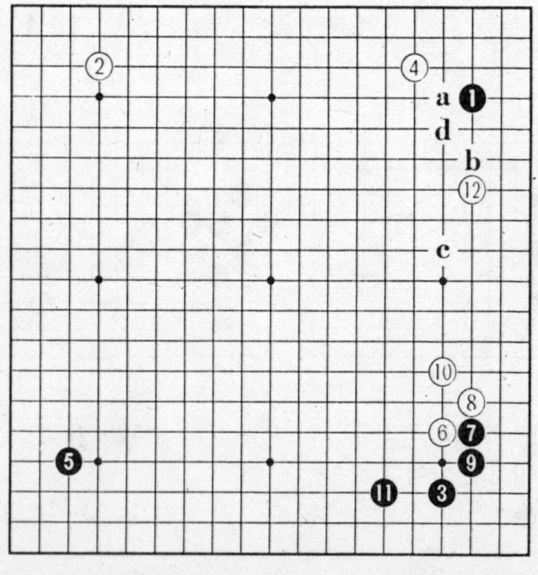

제 1 보

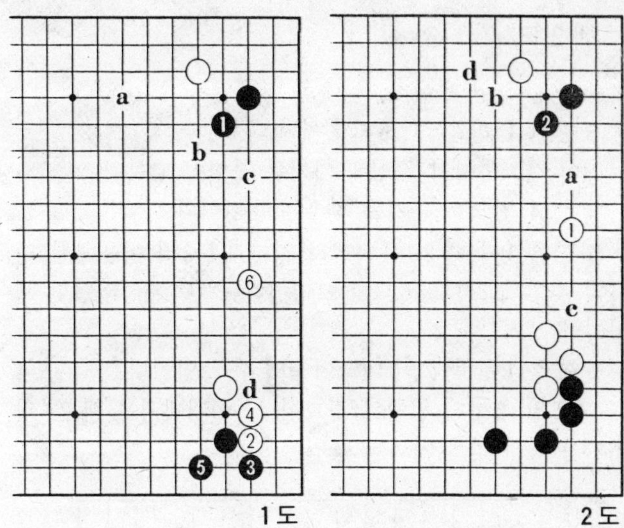

2도 정석에서는 백 1이 본수이다. 여기에서는 흑이 2이다. 흑에서 a 와 b 가 맞보기이다.

흑 2로는 a 의 곳도 있다. 흑은 c 의 침입과 d 의 협공이 있다.

정석은 주위의 상황을 고려하여 변화한다.

보의 우상귀가 a 의 곳 화점이라면 백b 이다.

흑c 의 침입에 대하여 우하귀의 3점에 균열이 생긴다.

보의 백12에 흑이c ,이하의 침입의 수단에는 백d 로 1점을 공격한다.

백의 세력권 내에서 강한 전투여서 크게 좋은 모양이다.

제 2 보

흑 1은 이 한 수이다. 이곳을 봉쇄당할 수는 없다.

3도 흑 1 다음 3, 5의 수순이다.

백이 견고하여서 중앙에 나가는 불안이 남는다.

백은 4, 6으로 근거를 갖추는 수단이다.

4도 흑 1에 백 2는 나쁘지 않다. 흑 3의 이음에서 백 4의 젖힘, 그리고 6까지 모양이다. 백 Ⓐ가 의연한 모양이다.

5도 흑 1은 백 Ⓐ에 대하여 반발한 모양이다. 백 2로 4는 4도의 6까지 필연의 경과이다. 여기에서는 백 Ⓐ의 위치가 흑의 벽에 가까워 불만이 아니다.

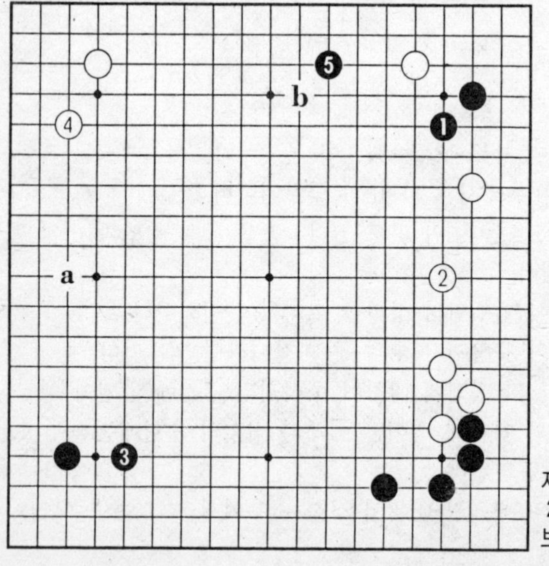

제 2 보

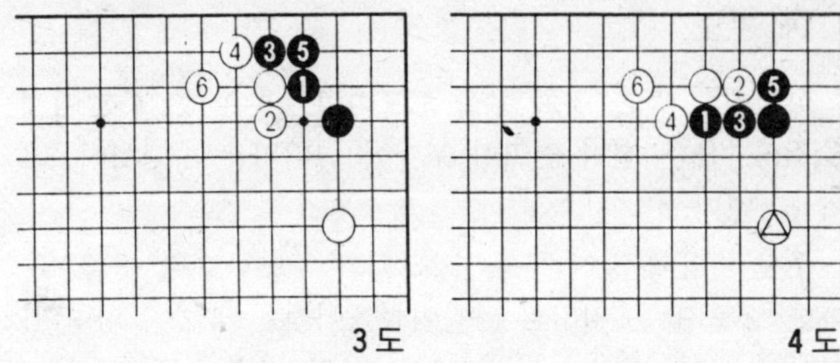
3 도　　4 도

백은 2의 곳으로는 5의 곳에 두는 수가 있다. 5로 6의 곳 누름은 백a, 흑b, 백 5의 끊음이 있어 흑이 나쁘다. 귀를 백 6으로 두면 흑 7을 허락한다. 6으로 c 의 곳에 두면 흑이 6의 점을 두는 것을 참고로 나타내었다.

보에서는 백 2로 우변의 침입에 대비를 하였다.

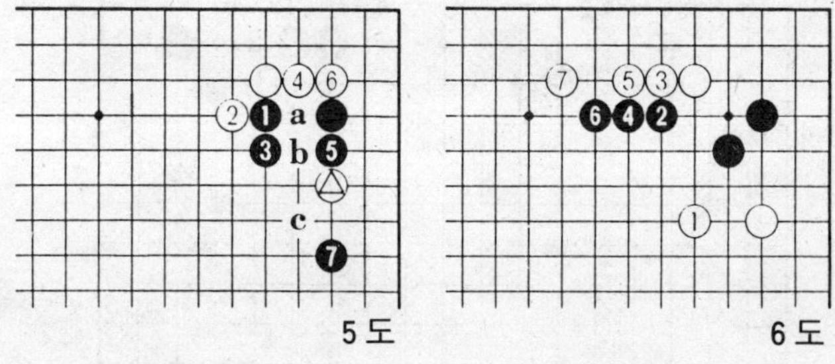
5 도　　6 도

6 도 백 1은 큰 곳이다. 여기에서 흑 6까지 귀를 안전하게 한다. 어쨌든 보에서 2의 점을 두지 않을 수 없다. 급전을 피할 수가 없다.

흑 3, 백 4는 호각의 갈림이다. 흑 5로 a 는 백도 b 의 상변에 점거를 하여 진행하여 나간다.

제 3 보

상변에서 백은 1로 삶을 도모한다. 흑은 2, 4로 외세를 얻는다. 우변이 견고한 포진이 되어서는 위협적이 아닐 수 없다.

7도 다음과 같이 두는 수도 있다. 백이 2의 곳을 둔다면 3도 같은 의미의 나감이다. 이것은 4까지 자주 나타나는 모양이다. 이 다음 백은 a의 곳에 둔다.

8도 백 1, 3으로 두는 것은 실패이다. 백 △가 들어가서는 아프다.

보의 흑 2로 5는 7도와 비교하여 백 1과 흑 5의 교환이 흑의 이익이다.

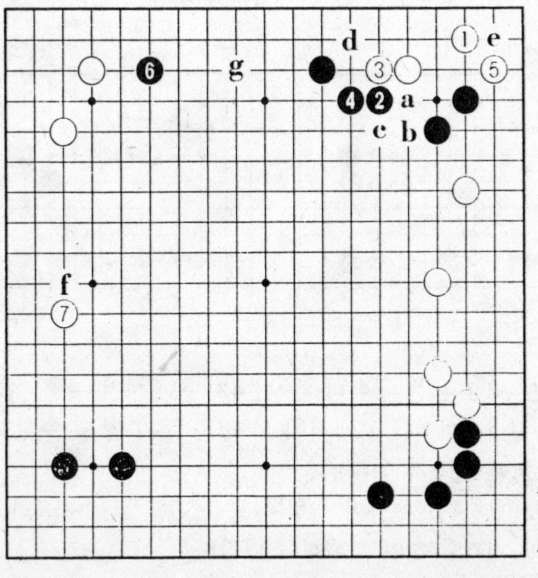

제 3 보

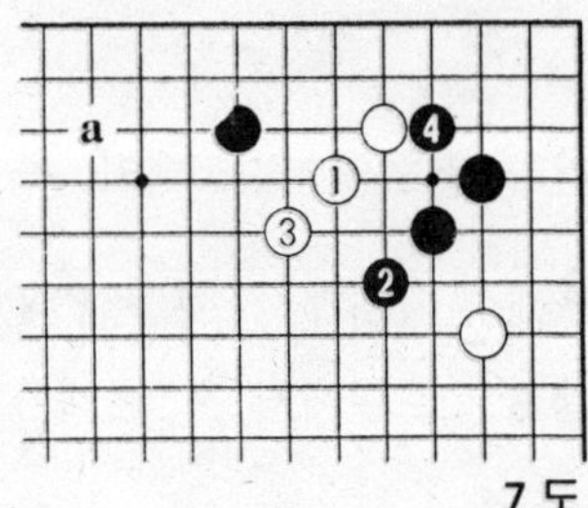

7 도

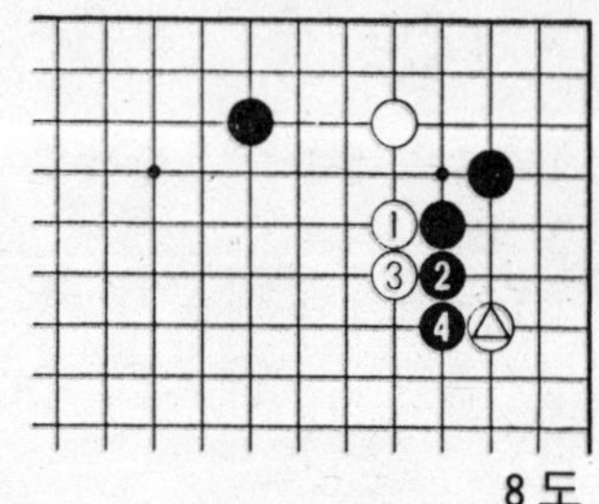

8 도

근거의 문제가 된다. 백 1이면 흑 2는 필연이다.

백 3으로 느는 수로 a 의 곳을 나가면 흑b, 백c 의 끊음도 흑이 3의 곳을 누르면 귀에는 불안이 남는다.

백 3을 두지 않고 직접 5의 곳을 두면 흑 3으로 역시 위험하다.

백 5를 두지 않을 수 없는데 직접 d 에 두는 것은 흑의 고등전술로 e 에 붙이는 수가 있다. 일층 모양이 궁하다.

9도 흑 1의 붙임에 백 2의 나감, 흑 3의 끊음이다. 백 4에는 흑 5로 2점으로 키워 죽인다.

흑 9로 좌측을 이어서 대성공이다. 백이 10을 둘 수밖에 없음은 모두 흑 5의 전과이다.

보의 흑 6으로 f 에 두면 백은 g 의 곳에 바싹 다가선다.

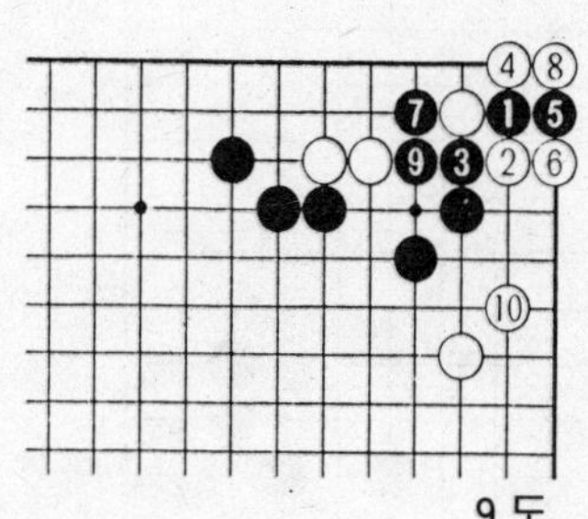

9 도

제 4 보

흑 1은 상변을 부풀어 올리려는 좋은 점이다. 백이 손을 뺀다면——

10도 흑 1로 백을 압박한다. 백 2, 4의 나가 끊음에 흑 5로 두는 수이다. 흑a 이면 백 6으로 뻗어서 큰 손해이다.

'끊거든 한쪽을 뻗어라'이것이 격언이다. 다음에 7, 9로 모양을 갖춘다. 백도 10으로 보강을 한다. 만약 이 수를 게을리 하면 b 의 곳을 끊는 수가 있다. 이것은 결국 11까지이다.

보의 백 △가 약하여져 4, 6으로 끊지 않을 수 없다.

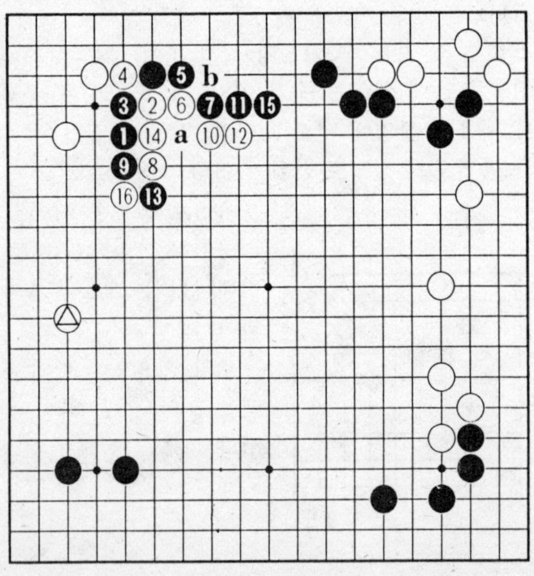

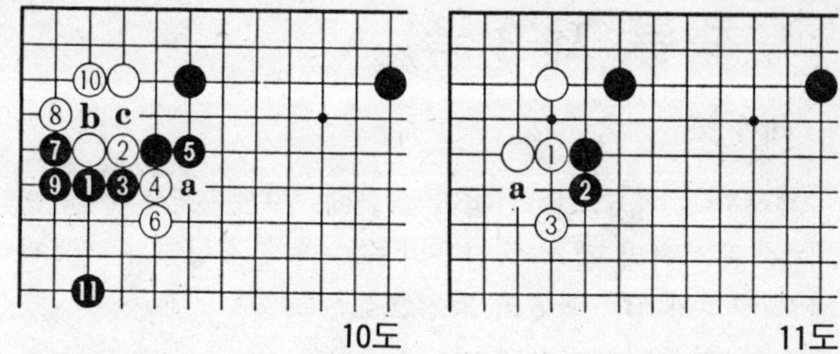

10도 11도

11도 백 1의 부딪힘에서 3까지이다. 흑a 를 피하여 응수한다. 흑 5의 늘음에 백 6은 축으로 잡을 수가 없다. 손을 뺀다면 a 의 곳 장문이 성립을 한다.

백도 6으로 움직여 나감으로 끊음을 주지할 수 없다.

백 6의 누름에서 백14까지 모양이다. 잡고 싶은 돌의 반대쪽을 누르는 전법이다.

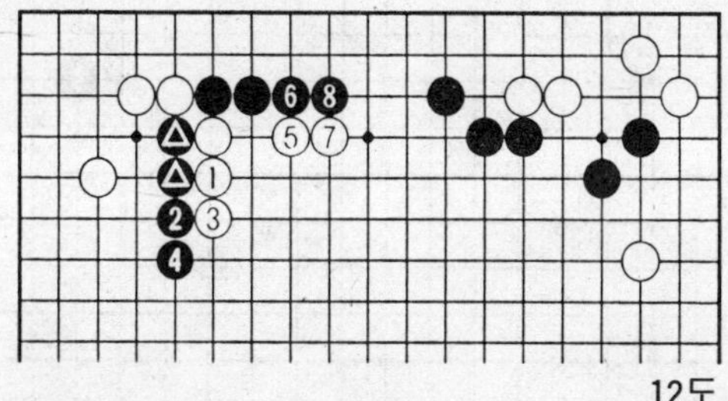
12도

12도 백에서 흑 ▲의 2점에 대하여 1, 3의 누름은 이하 8까지이다. 보의 차이와는 역력하다.

백14의 이음은 흑이 a 의 곳을 두면 2점이 떨어지기 때문이다. 15도 백의 b 의 끊음을 방지하는 수이다. 받지 않을 수 없는 곳이다. 백16으로 끊어서 중반의 어려운 곳에 들어간다.

수책류(제 3 국)

제 1 보

좌하귀에 백 6으로 걸침이 최근에 두는 수책류의 변형이다. 우하귀의 걸침에 다음의 수수까지 정형이다. 여기에서 탈피하려면 백 6의 걸침으로는——

1도 낮은 날일자도 있다. 흑 2는 a 의 곳에 두기도 한다. 백 3에 반발을 하면 백 9까지 정형이다.

흑 2로는 b 의 곳을 응전할 수도 있다. 백 3 다음에 9까지 하나의 모양이다.

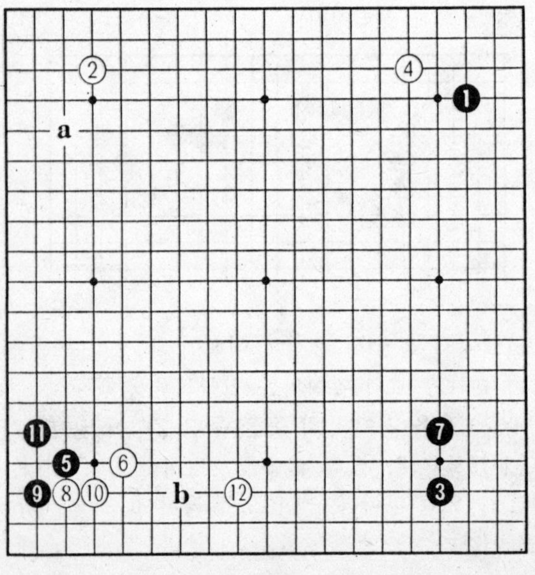

제 1 보

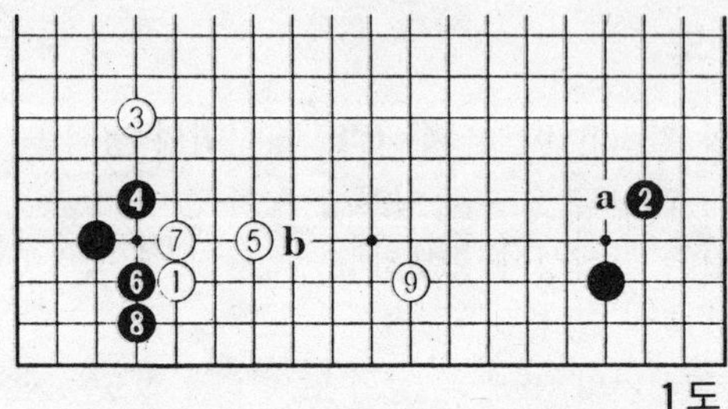

1도

백 3에서 하변을 점거하는 것은 병행형의 제 4국에서 설명하였다. 요는 하변의 큰 비중을 알지 않으면 안된다.

흑 7의 한칸이다. 백은 8의 안쪽 붙임에서 12까지 고목 정석의 하나이다. 8로 a 의 좌상귀에 두는 수도 크다. 그러면 흑은 b 의 곳에 두어 전투의 주도권을 잡는다. 흑 3, 7의 세력이 약하여도 백 6의 돌이 강하다. 흑 9로는—

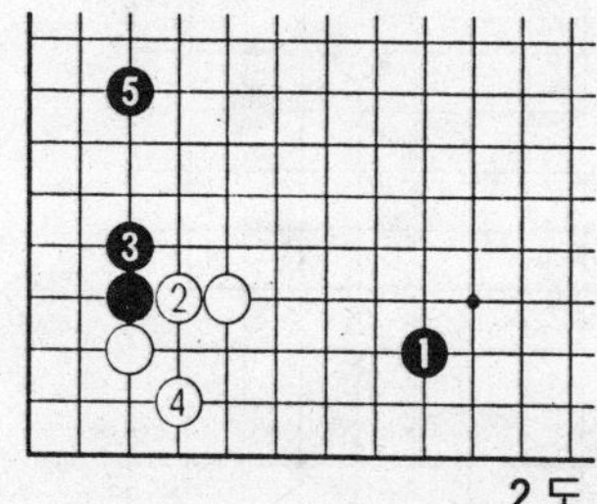

2도

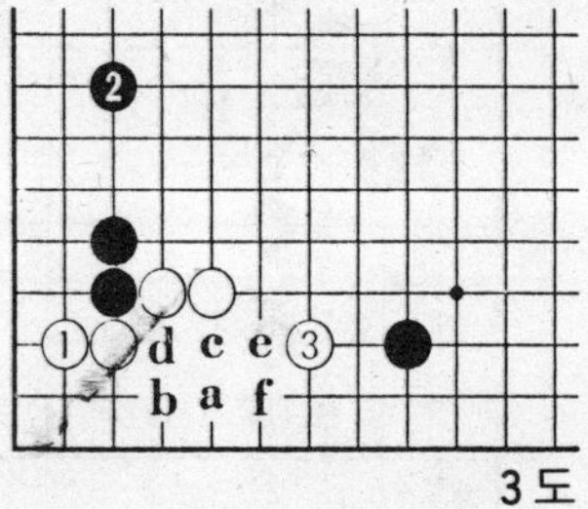

3도

2도 흑 1로 두는 수를 생각할 수가 있다. 백 2에서 3, 5까지이다. 일응 목적달성이다. 수순중 백 4는 좋지 않은 수이다.

3도 백 1로 아래쪽으로 늘으면 백 3으로 후수이다.

흑a, 백b, 흑c, 백d 다음에 흑.3까지 백e 는 흑 f까지 도망하여 나간다.

제 2 보

흑 1의 걸침은 이 한 수이다. 좌하귀의 정석은 흑a 의 지킴인데 하변의 요점을 양보할 수가 없다.

흑 3점은 탄력성이 풍부하다. 흑a 일 때 백 1이면 양쪽을 둔 결과가 된다.

백 4로는 b 의 곳에 두는 수도 있다. 흑 5는 서로의 급소이다. 흑이 상변을 견고히 하면 안정을 도모하려는 뜻이다. 백 8의 뜀까지이다. 백이 5의 곳을 두면 반대로 흑이 공격을 당한다. 흑 3을 c 의 곳에 두는 정석과 혼동하지 않아야 한다.

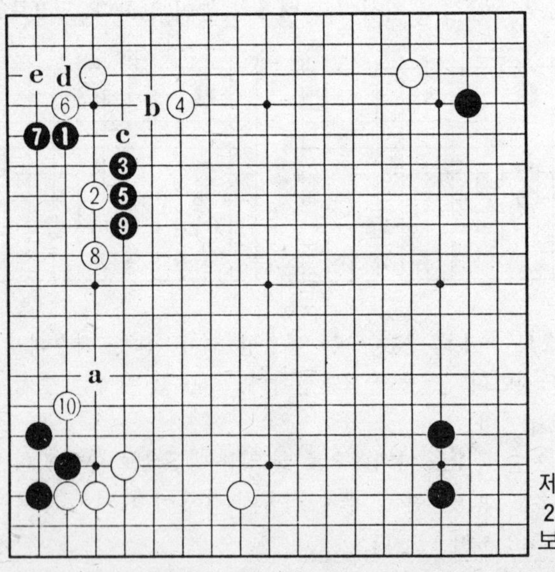

제 2 보

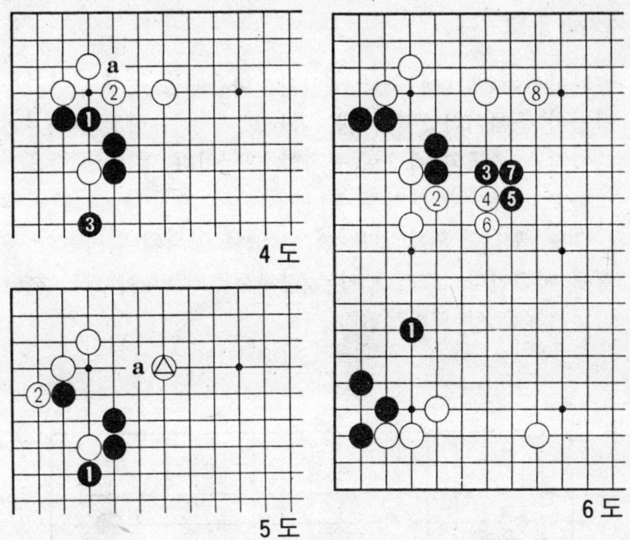

4 도

5 도

6 도

백 6은 마늘모 붙임이다. 흑에서 d 와 e 의 곳을 두는 수를 방지한다. 이것은 7의 곳에 백이 두는 것을 본다. 흑 7은 빼놓을 수 없는 곳. 이점을 놓치면 근거를 빼앗긴다.

4도 흑 1로 올라서는 수이다. 이 다음에 흑은 a 의 곳을 붙이는 수를 노린다. 백도 2의 곳에 둔다. 그러면 흑 3이다.

5 도 흑 1로 두는 것은 어떨까? 백 ◬가 a에 있을 때도 둔다. 백 2는 귀를 굳게 만드는 수이다. 어쨌든 흑 1은 부적당하다는 결론이다. 흑 9로——

6 도 흑 1에는 백 2이다. 이것은 나쁜 결과를 초래한다. 흑 7의 곳 다음에 백 8, 흑 2점이 호점이다.

제 3 보

좌하귀의 백 1에 두는 수이다. 다음에는 흑의 나가는 방법이 문제이다. 백a 에는 흑b 로 두려는 작전이다.

이것은 6도의 백 2로 공격할 태세이다.

참고로 나타내 보기로 한다.

7도 백 1도 흑이 손을 뺄 수 없는 공격의 하나이다. 흑 2에 백 3이다. 그러나 이 국면에서는 맥이 아니다. 하변 일대에 대모양이 형성된다.

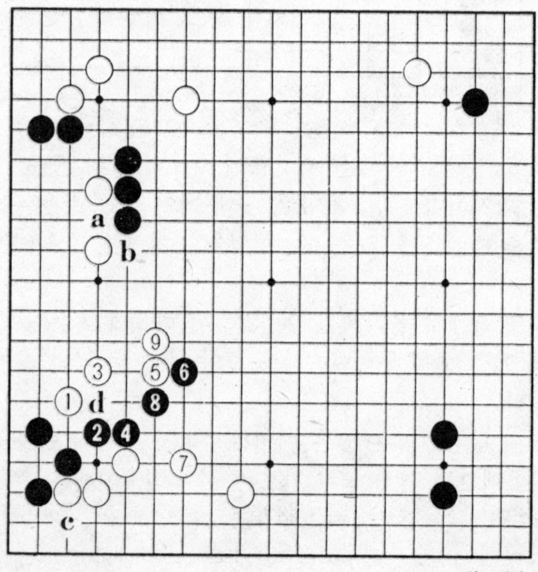

제 3 보

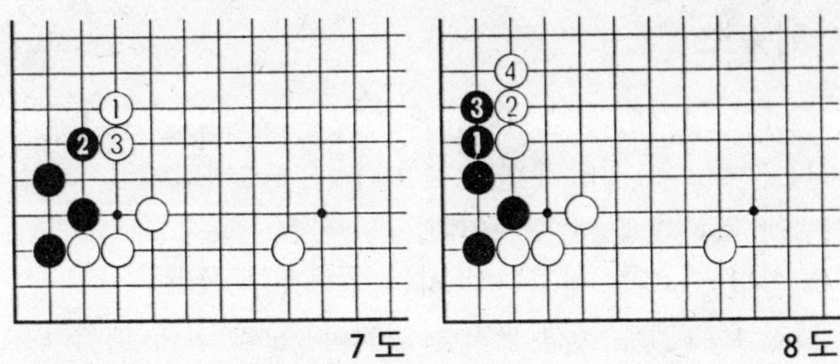

7 도 8 도

흑 2의 마늘모는 모양이다. c 에 두면 귀에서 산다.

8 도 흑 1, 3은 나쁘다. 이것은 중앙을 백에게 내주어서 나쁘다.

백 3은 하변의 백의 정비를 꾀하면서 흑을 공격하는 수이다. 백d 의 올라섬으로——

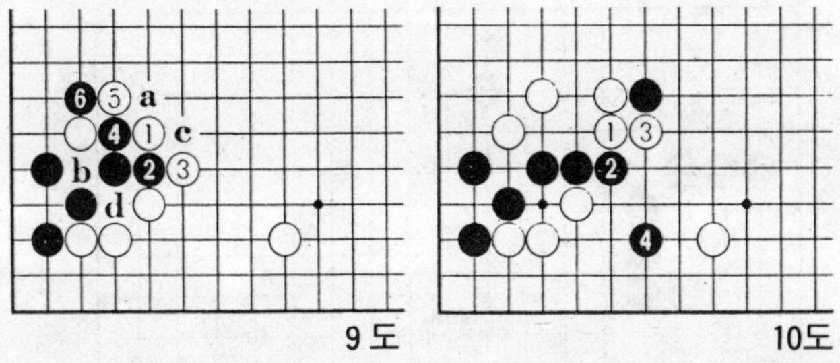

9 도 10도

9 도 백 1의 장문은 좋은 결과를 바랄 수가 없다. 이 백 1은 속임수의 종류이다. 흑 2, 4 다음 흑이 a 의 곳을 끊으면 백b , 흑c , 백d 의 양단수이다.

흑 6은 냉정한 끊음이다. 이로써 백에게는 단점이 많이 생긴다. 흑 6은 백에게 균열을 가져오게 하는 맥점이다.

10도 1, 3으로 저항을 하면 흑은 4의 곳을 두어서 충분하다.

제 4 보

흑 1은 공격의 급소이다. 백의 엷음을 찌르는 수이다.

11도 흑 1의 침입에 백 2, 4 다음에 흑 5까지이다. 흑의 일단에 원군을 보낸 결과이다.

우상의 백 ◬를 협격하여 사는 수단을 노린다.

백은 a 의 누름에서 근거를 갖거나 b 의 곳에 뛰어 나간다.

12도 전도에서 백 1로 막으면 흑 2, 4이다. 백 5는 무리수이다. 흑이 6의 곳에 두면 살 수가 없다.백 5로 a 도 흑이 5의 곳 끊음에서 6으로 1수를 더 소비할 수밖에

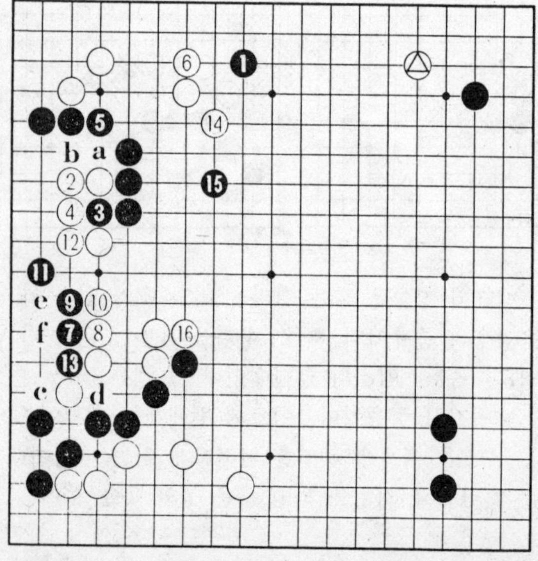

제 4 보

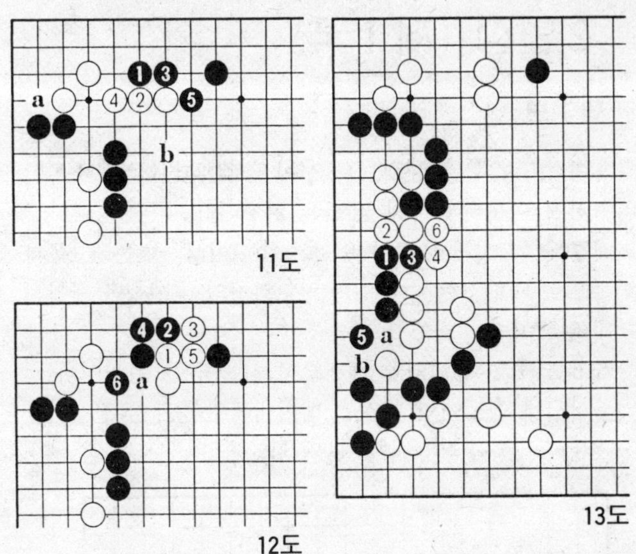

없다. 고전의 자세이다.

백 2는 다음 백 5 다음에 흑a, 백b 의 끊음이 있는 곳이다. 이것은 실전활용 전술이다. 백 6까지 보강을 하며 움직인다.

흑 7에서 13까지 아래의 귀에 연락한다. 이 다음 백c에는 흑d 로 2점을 잡는다. 수순중 백 8로 13은 흑이 e나 f 의 곳에 두는 관계가 있다. 11의 수는——

13도 흑 1, 3으로 두는 수이다. 흑 5로 6의 곳 끊음은 백이 5의 곳을 두어 공격하면 1수 차이다.

보에서는 a 의 곳을 키우거나 b 의 아래쪽에 두는 수가 있다.

흑15, 백16으로 중앙전이다.

2연성 (제1국)

제1보

흑의 1, 3은 2연성이다. 실리를 주체로 하는 소목이다. 화점은 세력을 주체로 하는 착점이다.

백2, 4는 실리로 대항을 하는 수단이다. 또는 고목과 외목으로 대항하는 수단도 있다. 화점의 2연성을 제압하는데 일책이다.

흑5는 우변의 세력을 배경으로 하는 높은 걸침이다.

좌상귀에 흑a 이면, 이것은 백진내에서 승부를 결정지울 수 없다.

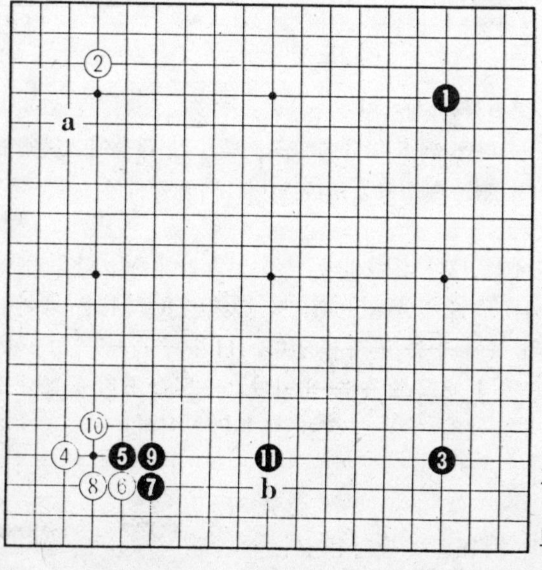

제1보

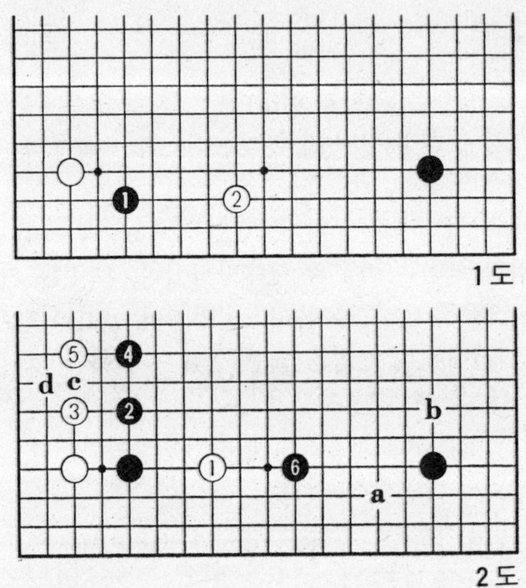

1도

2도

1도 흑 1의 날일자 걸침도 바둑의 모양이다. 2연성의 세력, 귀의 실리를 중히 여기는 흑 1의 걸침은 흑의 방침이 세력일변도인 점이다.

보의 흑 5는 당연한 걸침이다. 백은 b 의 아래쪽 붙임을 선택한다.

2도 백 1에 흑 2, 4로 알기 쉽게 나간다. 흑 6의 다가섬은 2연성의 움직임이다.

백 3으로 a 는 흑 3, 백 5로 a 도 흑b 의 받음이다. 6의 갈라침과 흑c 의 붙임에서 백d , 흑 5가 맞보기이다 . 좋은 결과를 바랄 수 없다.

백10은 흑모양을 의식한 수이다. 흑11은 b 보다는 좋아 전체의 조화가 강조된다.

제 2 보

백 1은 실리를 취하는 작전이다. 흑의 우상에서 하변에 대한 모양에 삭감의 의미를 갖는다. 집을 확보하는 태도이다.

백 1에 두는 수로 a 의 곳 걸침은 흑b, 백c 이다. 물론 이 전법의 활용은 백a 의 반대방향이다. 백d 는 역순이다. 그러면 흑은 e의 곳을 둔다. 일방적인 공격이므로 악수이다. 화점에서의 걸침은 넓은 쪽에서 걸치는 것이 원칙이다.

흑은 우상의 화점에 2로 두면 3연성이다. 백도 3, 5의 세력으로 상대한다.

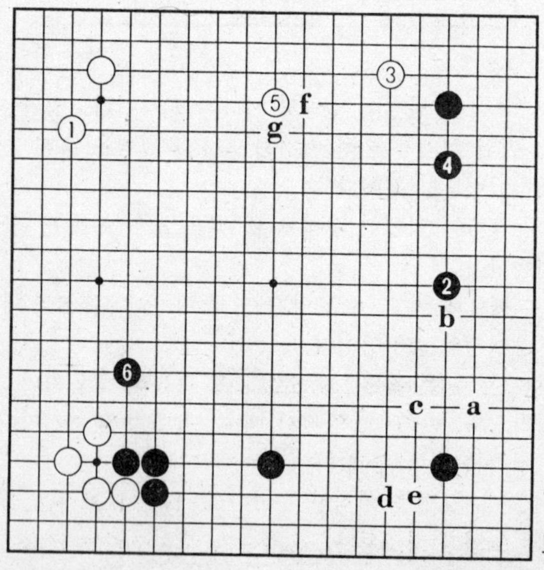

제 2 보

흑 2는 하변의 세력에 호응을 하는 좋은 점이다. 좌상귀의 굳힘에 흑 5로 두는 것은 기세이다. 이것은 상하의 관련성을 잃는다.

흑 4로는 f 의 곳에 두어 전단을 구하기도 한다. 이것은 백 3을 공격하는 수단으로 주도권을 잡자는 의도이다.

백 5의 화점, 흑의 위치가 높은 것을 고려한 점이다.

화점 아래에 둔다면 g 의 곳을 압박하는 수단이 있다. 실리주의가 통하는 곳이다.

흑 6은 절호점이다. 좌우가 반반으로 갈라진 정세이다.

3도 흑 1로 귀를 확보하면, 백 2의 날일자와 비교하면 쉽게 알 수 있다. 백a 의 침입이 있어 백의 스페이스에 들 공산이 크다. 어쨌거나 구도는 최대의 큰 곳이다.

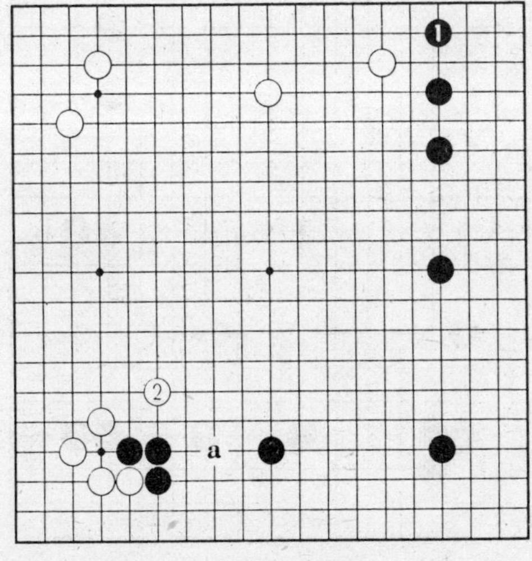

3도

제 3 보

흑은 착실하게 모양을 넓힌다. 백을 압박하여 세력을 키운다. 이 흑 1에 a 의 곳을 받으면 알 수 있는 곳이다.

4도 흑 ▲를 고립시키는 것이 목적이다. 백 1, 3 으로 끊지 않을 수 없다. 흑 4로 아래쪽에 둔다.

5도 백 5, 7에서 8, 10으로 2점을 축으로 잡는다. 이 다음에 백a 이다. 귀의 백모양이 나빠서 무리이다.

백 5로 6은 흑 5, 백a 도 흑에서 9, 백 8, 흑c 로 백이 무모하다.

4도의 백 1로 차단하는 것은 나쁜 결과를 초래한다.

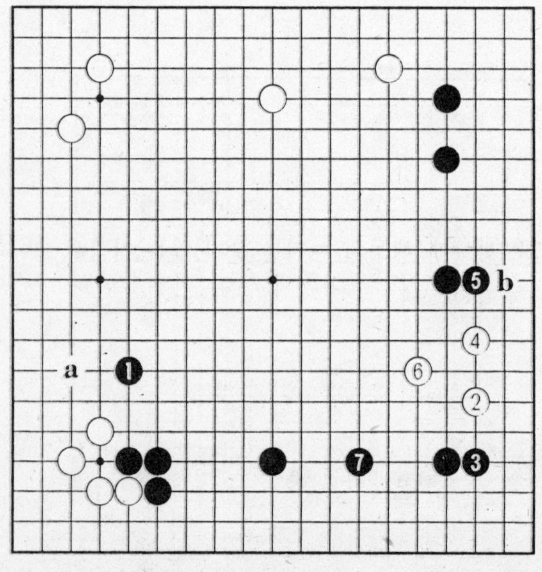

제 3 보

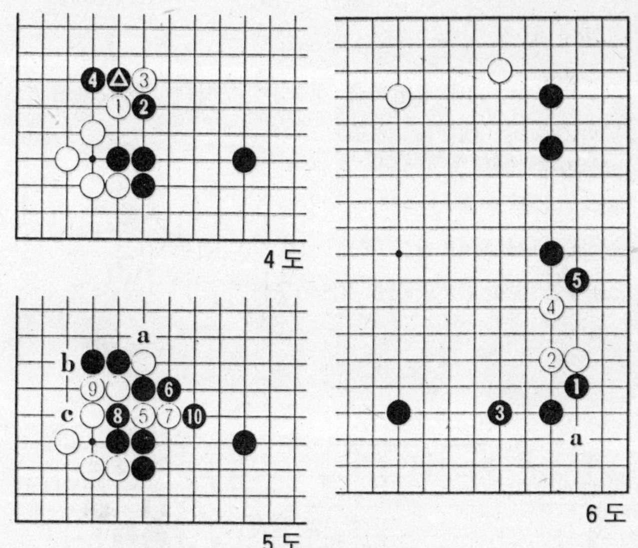

4 도

5 도

6 도

이상에서, 흑의 집은 균형을 확보하지 않으면 안된다. 이 수로 우하귀 백 2의 걸침도 있다.

흑 3은 백에게 책동의 여지를 주지 않는 침착한 수이다. 백에게 근거를 주지 않는다. 흑 3으로는——

6도 흑 1로 두면 백 2이다. 이 다음에 흑 3으로 공격하는 것이 일반적이다.

받는 모양에서 흑a 의 약점이 남는다.

백 4는 b 의 곳 달림을 본다. 그래서 흑 5이다.

백 6에 흑 7로 하변을 크게 지켜 백 3점에 대하여 원공(原攻)을 한다.

제 4 보

백 1의 3·3에 침입하는 것은 큰 수이다. 흑 12의 뜀으로 3점을 공격한다.

하변에 흑의 큰 모양이 생긴다.

흑 2의 누름과 4의 꼬부림은 모양이다. 흑 ◭가 두어진 상태에서 흑이 집을 확보하는 것은 당연하다.

흑 4는 급한수. 이것은 일단 7까지 건너간다. 흑 4로는——

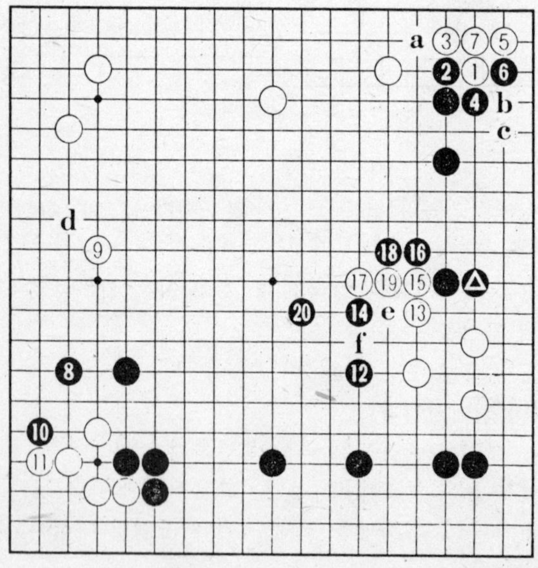

제 4 보

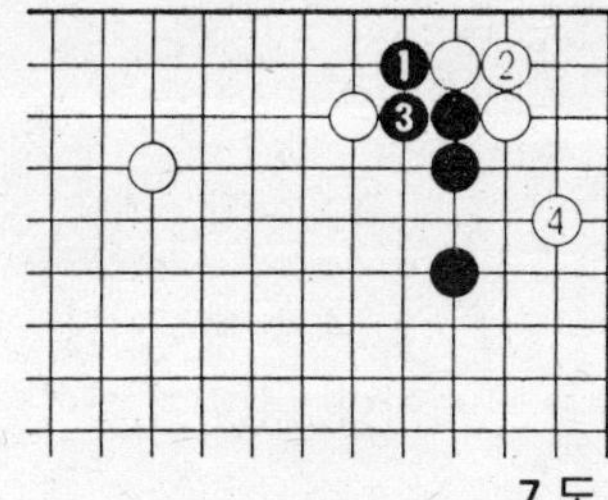

7 도

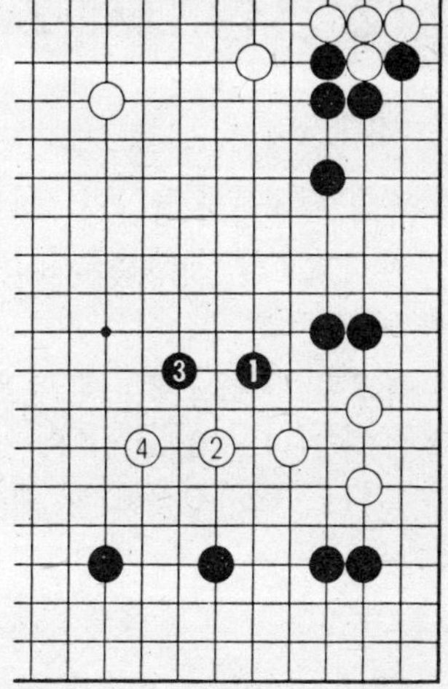

8 도

7도 흑 **1**의 곳을 누르는 수도 있다. 백을 귀에서 살리며 외세를 얻자는 의도이다.

이것은 백의 3·3침입에 대한 수법이다.

백 **4**의 날일자 까지이다.

보에서 처럼 백 **5**까지는 모양이다.

흑 **6**도 중요한 수이다. **7** 다음에 백이 b 의 곳을 끊으면 흑c 의 단수를 선수로 둔다.

흑 **6**의 단수에는 백 b에 흑 c는 선수가 아니다.

흑**12**는 백의 진로를 차단하는 수이다.

8 도 흑 **1**, **3**의 공격도 백 **2**, **4**로 두면 하변이 엷어진다. 백이 견고하게 추격, 공격하는 것이 포인트의 하나이다.

흑**12**, **14**는 감각이다. 백**17**은 맥. 흑**18**로 **19**는 백 e, 흑 **18**, 백 f 로 중앙탈출이다.

2 연성 (제 2 국)

제 1 보

흑의 병행형의 1, 3에 대하여 백은 2, 4로 화점이다. 흑은 소목으로 대항을 한다. 좋은 수법이다. 실리대 세력의 작전이다.

흑 7의 아래쪽 붙임에 백 8, 좌변이 2연성임을 염두에 두는 수이다. 10까지이다.

흑11은 대사정석이다. 이에 대하여 백은 12로 3연성의 포진이다.

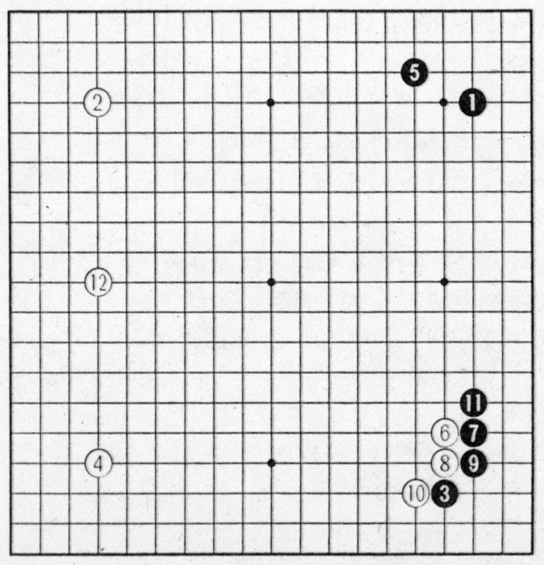

제 1 보

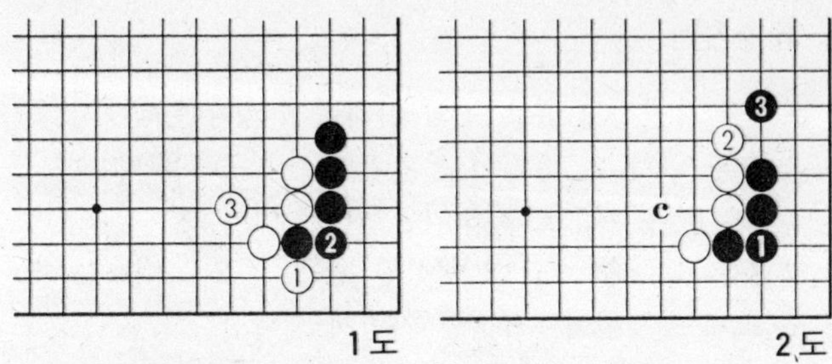

1도　　　　2도

1도 백 **1**에서 **3**은 이것도 한판의 바둑이다.

우하귀의 절충, 여기서 대사정석에 대하여 자세히 설명을 하고자 한다.

흑11의 수로는——

2도 흑 **1**의 이음도 알기쉬운 방법이다. 백 **2**에 흑 **3**은 손을 뺄 수가 없다. 백은 c 의 곳을 지킨다.

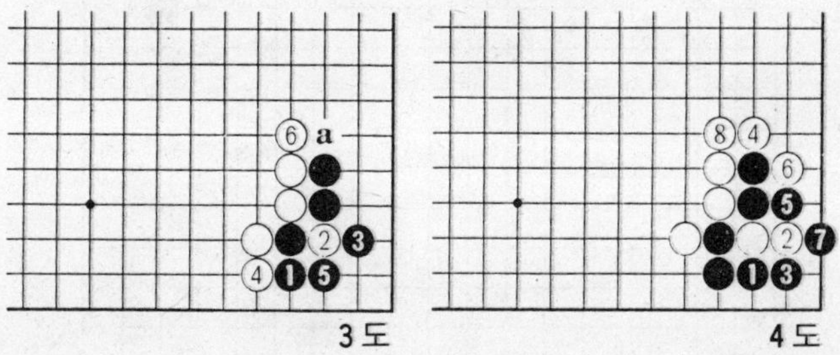

3도　　　　4도

3도 흑 **1**로 아래쪽을 뻗는 것은 백 **2**의 끊음 다음에 **4**의 곳이 선수이다.

4의 수로 a 는 당연히 흑이 **4**의 곳을 꼬부린다.

여기에서 흑 **3**으로——

4도 흑 **1**에는 백이 2점을 사석으로 키워 죽인다. 흑은 하변과 우변의 관계를 선택한다.

제 2 보

백 1의 3연성에 흑은 2의 아래쪽 뻗음이다. 백에서 2 다음 흑a , 백b 로 3점이 부활된다. 이 수단을 막는다.

흑 2로 c 는 백d 로 좌하귀는 일단락이다.

백 3은 1로 둘 때부터 예정된 행동. 흑 2로 백b 는 흑 e 로 크게 공격한다. 3점을 가볍게 생각한다.

백 3으로 연락을 꾀하는 것이 바른 방법이다.

흑 4로 흑e는 백 3점을 강요한다. 백이 f 에 두면 넓은 바둑이다.

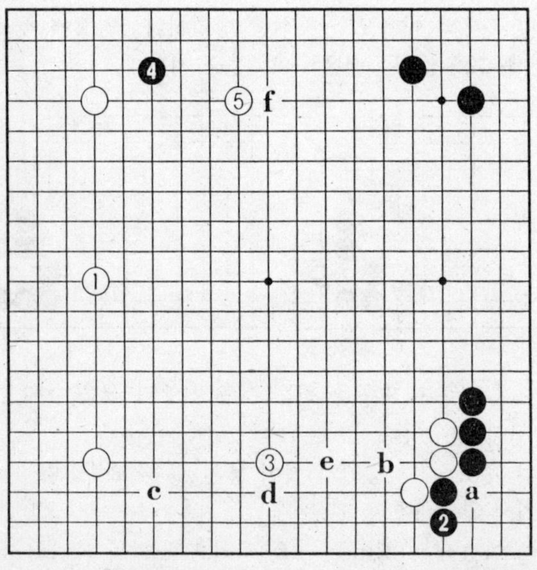

제 2 보

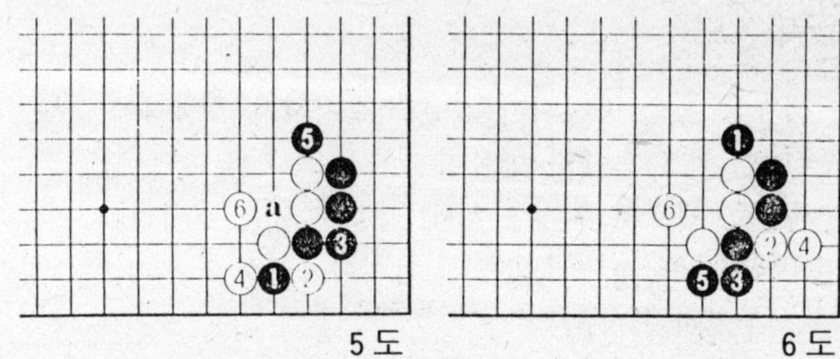

5도　　6도

5도 흑 1의 아래쪽 젖힘은 정석의 하나이다. 백은 2, 4로 1점을 잡는다.

이것은 5의 곳이 선수이다. 왜냐하면 흑a 로 양단수이기 때문이다. 백 6을 강요하는 수이다.

6도 흑 1은 대사정석이다. 백 2, 4로 뻗는다. 이 정석 수순은 기억해두기 바란다. 선투개시이다.

흑 5에 6의 지킴까지이다.

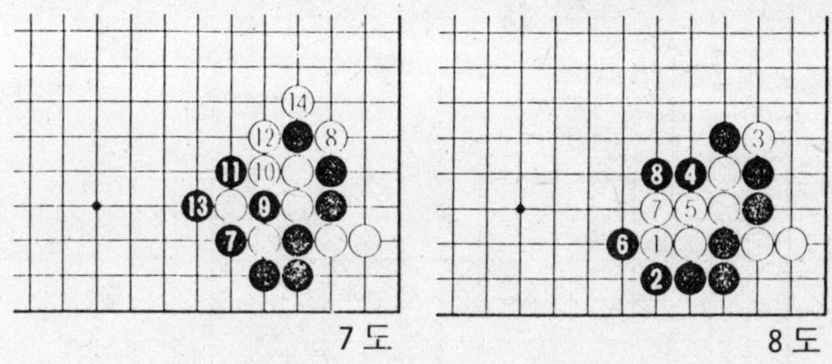

7도　　8도

7도 흑 7의 단수에서 14까지 서로 호각의 갈림이다.

8도 흑에서 작은 눈사태 정석을 두는 조건은 6도의 백 6으로는 본도의 백 1이다. 이것은 흑 4에서 8까지 축이 문제이다.

제 3 보

백 1은 흑을 공격하여 좌변을 주지하자는 책략이 깃든 수이다. 백 3의 1칸 받음이다.

흑 2는 백 1의 놀이 중앙에 탈출을 함을 견제하는 수이다. 백의 세력선내에서 두는 수이다. 이것은 호선 바둑에서는 무모하다.

흑 2로는 c 의 3·3도 있다.

9도 흑 1로 두는 수이다. 백 2의 누름에 흑 3 다음에 4까지이다. 백은 좌변을 배경으로 하여 두텁게 둔다.

이 다음 흑 5인데 ——

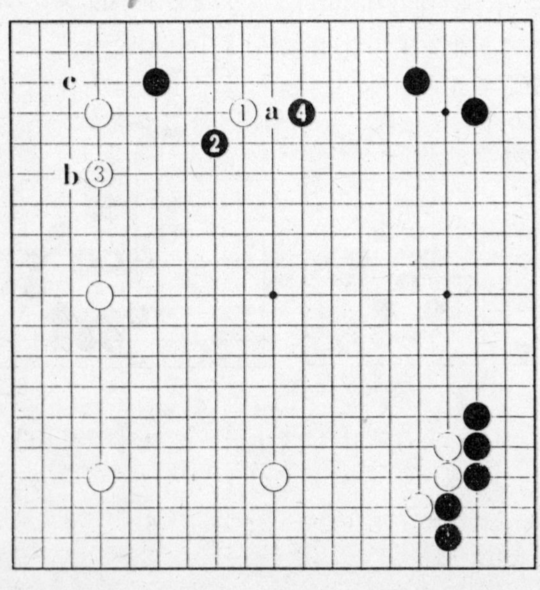

제 3 보

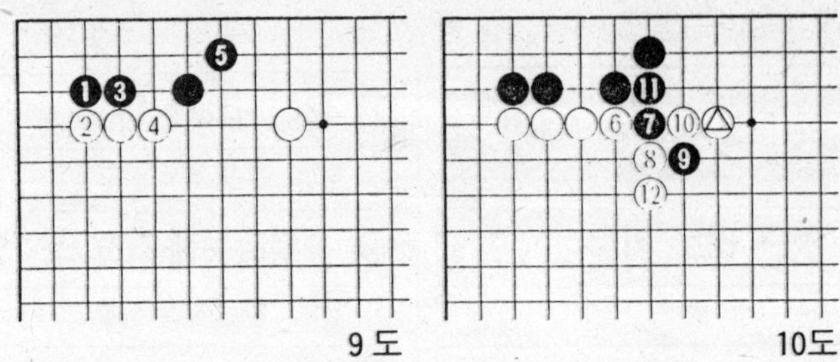

10도 백 6에서 12까지 일단락이다. 수순중 주의를 요하는 점은 전도의 5의 수를 손빼이다. 흑이 8로 두면 백 △가 고립된다.

백 6, 8의 누름이다. 백 6으로는 7과 8로 일응 진출을 저지한다. 다소의 맛이 있다.

9도의 백 2로——

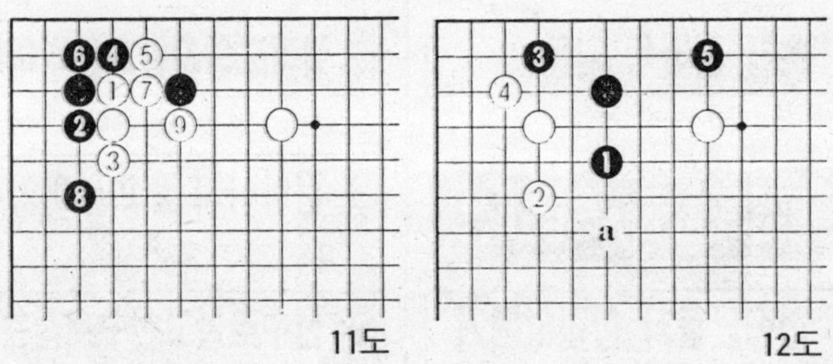

11도 백 1의 누름은 세력 방향의 착오이다. 흑 2에서 8까지 좌변의 3연성에 의미가 없다.

보의 흑 2로는——

12도 흑 1로 한칸 뜀이다. 백 2에 3, 5로 근거를 갖는다. a 의 점이 남는다.

40. 초보자를 위한 맛바둑의 기술

2013년 3월 15일 인쇄
2013년 3월 30일 펴냄

옮긴이/ 프로바둑연구회
펴낸이/ 최 상 일
펴낸곳/ 구.진화당(태을출판사)
서울특별시 중구 신당6동 52-107 (동아빌딩내)
등록/1973년 1월 10일(제4-10호)

*잘못된 책은 구입하신 곳에서 교환해 드립니다.

■주문 및 연락처
우편번호 100-456
서울특별시 중구 신당6동 52-107 (동아빌딩 내)
전화 / 2237-5577 팩스 / 2233-6166

ISBN 89-493-0356-6 13690